Norbert Rosing

Deutschlands
unberührte Naturparadiese

Tecklenborg Verlag

Inhalt

Grußwort

Natur und Naturerleben in Deutschland? Aber ja! Eindrucksvoll unterstreicht Norbert Rosing einmal mehr mit seinen ausdrucksstarken, einfühlsamen Bildern, dass Deutschland immer noch ursprünglichen Naturreichtum beherbergt. Vom Watzmann in den Alpen bis zum Wattenmeer an der Nordseeküste erstrecken sich – oft nur noch in Resten vorhandene – Naturräume, die in ihrer Mannigfaltigkeit und Schönheit, aber auch in ihren wichtigen ökologischen Funktionen für die Gesellschaft wahrhaft würdig sind, auf Dauer erhalten zu werden. Hierin liegt eine vornehme Aufgabe für alle, von Bund über Länder und Kommunen bis hin zu Nutzergruppen, Umweltverbänden und jeden Einzelnen. Unter dem Dach der „Nationalen Naturlandschaften", die heute im frischen Logo mit farbigen Punkten und wunderbaren Bildern unsere Nationalparks, Biosphärenreservate und Naturparks bundesweit präsentieren, finden Sie die bedeutendsten Naturschätze Deutschlands.

Wenn Sie dieses Buch in den Händen halten, werden bestimmt auch Sie Lust auf mehr Natur verspüren – dank der herrlichen Aufnahmen und der geschilderten (persönlichen) Eindrücke. Die Sehnsucht nach Naturerfahrung wächst in unserer Gesellschaft: Wollen auch Sie diese Sehnsucht stillen und die großartigen Landschaften und beschaulichen Kleinode selber erkunden, mit allen Sinnen erleben? Es lohnt sich! Trotz des global ablaufenden Prozesses, der einschneidende Veränderungen in der Tier- und Pflanzenwelt und den Klimawandel mit sich bringt, bleibt Hoffnung, unsere Umwelt durch noch stärkere Anstrengungen zu sichern, die Erderwärmung abzumildern und den Verlust an biologischer Vielfalt zu stoppen. Die ökologische Stabilisierung ist unverzichtbar für den Fortbestand der Zivilgesellschaft. Dieses Buch ist ein Mutmacher, dafür mehr zu tun. So stellt der Bund in einer breit getragenen Aktion bis zu 125.000 ha

Fläche den Ländern, Stiftungen und Umweltverbänden zur Verfügung, um weitere wichtige Gebiete für das nationale Naturerbe zu sichern und die „Nationalen Naturlandschaften" zu arrondieren. Sie werden von der Dachorganisation der deutschen Großschutzgebiete EUROPARC Deutschland getragen und zum Inbegriff für die Schönheit deutscher Natur gemacht. Dennoch fällt es der Staatengemeinschaft weltweit schwer, Fortschritte zu erzielen. Immerhin sind unsere ursprünglich von der Rotbuche geprägten Waldlandschaften in einigen Bereichen genauso wie das drei Staaten übergreifende Wattenmeer es wert, in das Weltnaturerbe aufgenommen zu werden. Dieser Verpflichtung für den weltweiten Schutz der Natur wird Deutschland nachkommen; es sind Gebiete, die in gleichem Rang stehen werden wie das Great Barrier Reef in Australien oder der Grand Canyon in den USA. Dabei stellt im dichtbesiedelten Mitteleuropa das Zulassen von mehr Wildnis oder einfach „Natur Natur sein lassen" aktuell eine große Herausforderung dar.

Dieses Buch liefert wunderbare Anschauung und Beweis dafür, dass sich jeder Einsatz wirklich lohnt, statt virtueller Scheinwelten die Natur im Original zu erleben und zu bewahren, ganz gleich, ob sie sich in historisch gewachsenen Kulturlandschaften zeigt oder in der der Eigendynamik überlassenen Wildnis. Es ist zu wünschen, dass der Funke der Begeisterung (des Autors auf den Betrachter) überspringt und anregt, auf Entdeckungsreise in Deutschlands unberührte Naturparadiese zu gehen.

Holger Wesemüller
Stellvertretender Vorsitzender
EUROPARC Deutschland

Vorwort

Eigentlich ist Deutschland klein. Klein und übersichtlich. Die sechzehn Bundesländer, alte wie neue, sind schnell aufgezählt. Und die Klischees hat man ebenso flott parat: der Norden flach und windig, mittig graues Industrieland, der Süden heimelig weißblau. Weit gefehlt. Würde man nämlich alle geschützten und schützenswerte Landstriche auf einer Karte ausweisen, Deutschland wäre eine einzige grüne Insel im europäischen Ländermeer. Vierzehn Nationalparks, ebenso viele Biosphärenreservate und knapp über hundert Naturparks zählen wir momentan. Vom Schleswig-Holsteinischen Wattenmeer im Nordwesten bis zum Nationalpark Berchtesgaden im Südosten. Und das in einer Vielfalt, die man nicht glauben mag. Natur in Deutschland ist ein aufregendes Erlebnis.

Vor allem auch für den Fotografen Norbert Rosing, der die halbe Welt bereist hat, ehe er sich seinem Heimatland zuwandte. Zunächst jedoch, und das schon in den 1970er Jahren, führt ihn der Weg mehrmals nach Skandinavien, erforscht er in Nordkanada den Lebensraum der Eisbären, geht dem Phänomen der Polarlichter nach, ist in Alaska und auf Spitzbergen und lässt sich immer wieder beeindrucken von den wuchtigen Formationen amerikanischer Nationalparks, wobei ihm der Yellowstone der liebste ist.

Als in Deutschland die Mauer fällt, der andere Teil des eigenen Landes zugänglich wird, macht sich der Fotograf auf an die Ostseeküste und die Gebiete davor. Norbert Rosing weiß, dass hier bald neue Nationalparks entstehen werden. Es sind Fahrten in die eigene Kindheit für ihn, der selbst am Land aufgewachsen ist. Die Orte tragen Kopfsteinpflaster, er trifft Menschen auf Feldern, großzügige Alleen weisen den Weg. Und er macht die Erfahrung, dass Deutschland mindestens so beeindruckt wie ferne Länder. Die Schluchten des Elbsandsteingebirges erinnern an den gewaltigen Bryce Canyon in Utah. Auf dem Brocken im Harz herrscht ein Klima wie in der Tundra: Hier sind die Winter lang, eisige Stürme türmen den Schnee meterhoch. Im Frühjahr trifft er im Polenztal auf ein Meer von wildwachsenden Märzenbechern, anderswo auf seltene Vogelarten. In bestimmten Gebieten sind Luchse, Wildkatzen und Bären ausgewildert worden, die, wenn die Natur der Natur überlassen wird, ihren Lebensraum finden.

Für Norbert Rosing ist die unendliche Vielfalt einer artenreichen Flora und Fauna samt ihrer Tierwelt in Deutschlands Naturparadiesen zur Lebensaufgabe geworden. Er bereist sie zu allen Jahreszeiten, bannt sie mit unendlicher Geduld auf Bilder, die uns staunen machen. Er ist kein Jäger mit der Kamera, er fotografiert auf altmodische Weise bedächtig, aber auch beharrlich. Wenn nach einem Sommerregen im Harz die Wälder dampfen, muss man wissen, zu welchem Zeitpunkt man an welchem Ort das Kamerastativ aufzustellen hat. Ein Netzwerk an Informanten ist nötig. Es sind die Mitarbeiter in den Reservaten und die Parkranger, die helfen. Sie sind beteiligt, wenn Norbert Rosing seinen spezifischen Blick auf die Natur richtet. Ein Juwel nach dem anderen fördert er auf seinen unzähligen Reisen zutage. Es ist wahr – mit seinen etwa tausend mal tausend Kilometer ist Deutschland weiß Gott nicht groß. Aber dass seine Naturlandschaften so großartig beeindrucken, erfahren wir dank der obsessiven Art und Weise, wie sie uns Norbert Rosing über die Zeitläufte präsentiert.

Hans-Eberhard Hess
Herausgeber und Chefredakteur
Photo International

Die Ostsee

Kreidefelsen und Grasland

Die Kreideküste verändert stets ihr Gesicht. Durch Wind- und Wassererosion werden Teile der
Küste und des Waldes abgebrochen. Blank gewaschene Bäume liegen dann wie Treibgut am Strand.

Unternimmt man einen imaginären Streifzug von Rügen bis Rostock, dann trifft man auf Bilder der mondänen Seebäder Heiligendamm, Binz und Sellin mit ihren reich verzierten Villen. Die Seebrücke in Sellin taucht ebenso auf wie Bilder vom Fischland, Darß und Zingst mit ihren anheimelnden Orten und den reetgedeckten Fischerhäusern, oder auch von der malerischen, ehemaligen Künstlerkolonie Ahrenshoop.

Mein Interesse liegt abseits der touristischen Höhepunkte, an eher unberührten Landstrichen, in denen sich ungeahnte Naturschätze verbergen. Nicht unbekannt ist natürlich im Nationalpark Jasmund, dem kleinsten Deutschlands, die berühmte Kreideküste, die Caspar David Friedrich so eindrucksvoll in Öl gebannt hat. Doch vielleicht wundert man sich beim nächsten Besuch am Königsstuhl in Sassnitz: Die strahlende Steilküste ist einem steten Wandel unterzogen. Die gewaltigen Elemente Wasser und Sturm entreißen der Küste große Stücke, die in der wilden Ostsee versinken. Ist man noch vor einigen Jahren über den Uferweg durch küstennahen Buchenwald zu den Wissower Klinken gewandert, fehlt diese Hauptattraktion der Kreideküste heute. Die markanten Felsspitzen wurden durch Erosion abgesprengt. Die Brandung der Ostsee zeichnet mit ihrer enormen Kraft die Küstenlinien neu. Die Frage drängt sich auf, wie die Kreideküste, die wir heute so bewundern, entstand.

Bei der Kreide handelt es sich um Meeresablagerungen kleinster Kalkschalen und Schalenabbrüche. Ein großer Teil sind Kalkscheiben von Panzern ehemaliger Organismen, so genannte Panzergeißeltierchen. Bei genauerer Untersuchung unter dem Mikroskop erkennt man deutlich die Schalen von Wurzelfüßlern, Moostierchen und Muschelkrebsen. Abermilliarden solcher Bruchstücke lagerten sich im Laufe der Zeit am Meeresboden ab und wuchsen jedes Jahr um einen halben Millimeter. Nach eintausend Jahren bildete sich eine fünfzig Zentimeter dicke Schicht. Die oberirdische Kreideschicht ist heute etwa einhundert Meter hoch. Die Kreidezeit dauerte etwa siebzig Millionen Jahre! Auf einer Strandwanderung findet man versteinerte Seeigel, Muscheln, Feuersteine und Donnerkeile.

Es gibt aber auch noch andere unbekannte, nicht minder interessante Gebiete auf Rügen. Dazu möchte ich einen Teil Rügens vorstellen, der ein wenig abseits der großen Touristenströme liegt, der aber mit einer Vielfältigkeit besticht, die einzigartig ist. Ich fahre in den Süden in das hügelige Land des Mönchguts, das zum Biosphärenreservat Südost-Rügen gehört. Auch hier verändert sich ständig die Steilküste. Durch die Graslandschaft des Zickerschen Höfts geht es hinunter ins Nonnenloch. Hier stehe ich direkt an hohen, sandigen Kliffs, riesigen Findlingen am Strand und um- und abgestürzten Bäumen. Ein wunderbares, natürliches Chaos. Heftige Winde wehen aus Nordwest, fangen sich an den Klippen und verwirbeln sich zu kleinen, lokalen Windhosen, die wiederum den Sand dermaßen aufpeitschen, dass lokale Sandstürme und Sandlawinen daraus entstehen. „Schubkarrenweise" rinnt der Sand wie in wilden Bächen nach unten. Hier im Schatten des Windes beruhigt sich der Sand und rieselt zu Tal, wo sich Pyramiden bilden. Hoch oben in diesen Kliffs gruben Uferschwalben ihre Bruthöhlen und bauten sie zu einer zusammenhängenden Kolonie aus. Wie Mückenschwärme fliegen die Vögel ein und aus.

Da es Juni ist, werde ich zufällig Zeuge eines anderen Phänomens: des Paarungsfluges der Eintagsfliegen. Bei meiner Wanderung entlang der Buchenwald-Inseln fallen mir an einem sehr milden, windstillen Abend plötzlich kleine helle Punkte auf, die in der Luft tanzen. Ich bleibe stehen und warte. Von Minute zu Minute werden die Punkte zahlreicher. Sie steigen wohl aus dem Gras auf und lassen sich von einer leichten Brise in die Luft tragen. Gegen die Sonne und den dunklen Wald heben sie sich stark ab. Es entstehen Wolken von Eintagsfliegen – riesige Wolken, die vor den Wäldern ziehen. Ein feines Surren ist zu vernehmen. Die Fliegen kommen näher, und plötzlich bin ich von ihnen übersät. Die Luft ist voll mit ihren kleinen Flügeln und Leibern. Alles braun. Alles summt. Die

Die Ostsee

Heuschrecken von Rügen? Nicht so schlimm. Einfach nur beeindruckend.

Fasziniert bin ich jedoch am meisten von den weiten Graslandschaften des Zickerschen Höfts. Sanft ziehen sich ausgedehnte Wiesen bis hin ans Meer. Ich muss unwillkürlich an die Puszta in Ungarn und die Prärien Amerikas denken. Auf Rügen wechselt sich die typische Graslandschaft mit üppig blühenden, bunten Blumenwiesen ab. Ich entdecke einen Scheckenfalter, der sich gerne auf blumenreichen Wiesen auf die Suche nach Nektar begibt. Ein unglaublicher Vogel- und Insektenreichtum zeichnet das Zickersche Höft aus. Nicht viele Wanderer verlieren sich in dieses Gebiet, das auch einige sanfte Hügel vorweisen kann, die von den Einheimischen liebevoll die „Zickerschen Alpen" genannt werden. Herrlich ist der Anblick dieser Graslandschaft, wenn der Wind seine formende Kraft entfaltet. Die Winde, die vom Meer her kommen, rauschen durch Blumen und Gräser, und es entsteht eine anmutige Wellenbewegung. Ich kann mich gar nicht satt sehen und versuche die Bewegung fotografisch einzufangen.

Die Landschaft am Kleinen Jasmunder Bodden ist den meisten Besuchern unbekannt. Die Halbinseln Buhlitz, Pulitz und Thießow schieben sich in die flachen Boddengewässer hinein. Große Verlandungszonen, dicht mit Schilf bewachsen und ein Refugium für Wasservögel, säumen die Uferzonen zum dichten Buchenwald. Auf dem Weg dorthin begleiten blühende Ginsterbüsche den Weg, wo u. a. Neuntöter nisten. Auch Wildschweine, Rehe und Hirsche leben in diesem Gebiet. Weiter in Richtung Küste stoße ich auf alte, zusammengefallene Buchenveteranen. Dicht daneben schwarze Moore und Sümpfe. Sie speichern das Wasser wie ein Schwamm. In einem dieser dunklen Sümpfe blühen große Ansammlungen der seltenen und streng geschützten Wasserfeder. Eine äußerst fotogene Blume. Diese grünen Inseln im Bodden haben eines gemein. Sie sind ein idealer Lebensraum für den Seeadler, den größten Greifvogel Europas, und den Schwarzstorch.

Eine erdgeschichtliche Besonderheit und Rarität südlich von Mukran in der „Schmalen Heide" sind die Feuersteinfelder oder auch Hünengötter, gelegen inmitten von Erlensümpfen und Heidelandschaft. Sie wurden als Strandwälle vom Meer vor etwa 4.000 Jahren aufgeschüttet. Im lockeren Schlamm des Kreidemeeres kam es zur Ausscheidung von Kieselsäure, aus der der Feuerstein besteht. Die Feuersteinfelder sind heute zum großen Teil überwachsen mit Heidekraut und Wacholderheide. Eine einzigartige Landschaft, die zusammen mit den Gebieten bei Prora von der Deutschen Bundesumweltstiftung (DBU) unter Schutz gestellt wurde.

Ich verlasse nun Rügen und begebe mich zum Nationalpark Vorpommersche Boddenlandschaft. Am Darßer Haken fesselt mich vor allem die Boddenlandschaft, die sich ständig in Bewegung befindet und deren riesige Sandbänke durch den Wechsel der Gezeiten und starke Winde ständig ihre Form ändern. Hier sind nur zwanzig Prozent des Nationalparks über Wasser zu finden, die restlichen achtzig Prozent liegen unter Wasser. Ich besteige eine kleine Cessna, denn diese Landschaftsform offenbart sich mir nur aus der Vogelperspektive vollständig . Erst von oben kann ich die Form der ausgedehnten Sandbänke ausmachen. Ich sehe die Wasserstraße, die sich zwischen der Halbinsel Gellen, am Südende von Hiddensee gelegen, und der Insel Bock befindet. Der Sandhaken Gellen ist ein bedeutendes Schutzgebiet für See- und Wattvögel. Im Westen kann man die schmalen Wasserläufe erkennen, die Bock von den Werder Inseln trennt. Diese kommen mir aus der Luft wie kleine Schneckenhäuser vor. Hier rasten im Frühjahr und Herbst bis zu 60.000 Kraniche, wo sie sich in der Abgeschiedenheit von ihrem anstrengenden Flug ungestört erholen. Wieder am mecklenburgischen Boden angekommen, mache ich mich in Richtung Rostock auf. Ich bewundere den Westteil des Darßer Strandes mit seinen umgestürzten Bäumen, die vom Meerwasser glatt gewaschen sind und wie Wildholz am Strand herumliegen.

Die Erosion der Küste bringt diese Sandhaufen
hervor, die an kleine Krater erinnern und der Landschaft
etwas Unwirkliches geben.

Blick von der Victoria-Aussichtsplattform auf die Kreidefelsen, die
zu Ehren König Wilhelm I. und zum Besuch der Kronprinzessin
Victoria 1865 errichtet wurde.

Das markanteste Wahrzeichen Rügens, der 118 m hohe Königsstuhl, liegt im Nationalpark Jasmund. Die Kreideküste der Stubbenkammer ist wohl die bekannteste Steilküste Deutschlands. Spektakulär war im Jahre 2005 der Absturz der Wissower Klinken, einer berühmten Felsformation, zu der jedes Jahr viele Touristen wanderten. Da die Küste Jasmunds extrem dem Sturm ausgesetzt ist, verlagert sich die Küstenlinie durch Abbrüche immer weiter ins Landesinnere hinein.

Bei starken Winden entstehen lokale Sandstürme,
die Sandlawinen an Steilküsten auslösen können.
Eine Uferschwalbenkolonie hat sich im oberen Teil
der Steilküste im bröseligen Sand angesiedelt.

Relikte der Eiszeit:
Große Findlinge an
der Küste von Mönchsgut.

Soweit das Auge reicht: Das Farbenmeer des
Sommers auf Rügen. Kornblumen
und Klatschmohn – eine Farbsinfonie.

Ungeahnte Ausdehnungen haben die weiten Grasfelder auf den ehemals trockengelegten Sümpfen im Biosphären- reservat Süd-Rügen. Fegt der Wind übers Land, dann zaubert er anmutige Wellenbewegungen in die Grasfelder.

Oben: Buchenstämme erglühen im Licht der tiefstehenden Abendsonne.

Linke Seite: Dicht gedrängt stehende Krüppeleichen auf Rügen.

Im Morgentau zeigt die weite Graslandschaft in der Schmalen Heide ein anderes Gesicht. Der Morgendunst schwebt noch über der sanft gewellten Landschaft und die Natur scheint eben erst aus ihrem Schlaf zu erwachen. Der Tau stellt aber auch manch kleines Detail der Natur erst so richtig zur Schau. Ein Windhauch kann die filigranen Fäden des Spinnennetzes wieder unsichtbar werden lassen.

Im Vordergrund liegen die Werder Inseln, die aus der Vogelperspektive zum Teil wie Schneckenhäuser aussehen. Im Hintergrund fällt der Blick auf Zingst, und in der Mitte liegen der Bodden und zwischengespülte Sandbänke.

Die unterseeischen Sandbänke am Darßer Haken können in Gänze nur vom Flugzeug aus betrachtet werden. Durch den Wechsel der Gezeiten und den Seewind unterliegen sie einem stetigen Wandel.

Aus der Vogelperspektive betrachtet liegt die Insel Heuwiese in der Vorpommerschen Boddenlandschaft. Die schwarzen Tupfer sind große Ansammlungen von bodenbrütenden Kormoranen, eine Besonderheit der Insel. Hier finden viele Vögel ideale Brutbedingungen vor.

Von links nach recht:

Starke, alte Buche im küstennahen Buchenwald.

Auch so kann sich boddennaher Buchenwald
präsentieren: urige Baumstrukturen und bemooste
Baumreste auf der Halbinsel Buhlitz.

Dunkle Wasser- und Morastflächen mit aufkeimender
Vegetation bedecken im Frühling den Waldboden auf Buhlitz.

Alte, geschwungene Eiche auf Pulitz.

Oben: Abstrakt wirkt dieses verwehte Schilf im Rügener Buchenwald im Abendlicht.

Links: In ein gelbes Blütenmeer verwandeln sich diese
ausgedehnten Ginsterfelder auf der Halbinsel Buhlitz.

Die Erlenbrüche und Sümpfe auf der Halbinsel Buhlitz bieten vielen Tieren Schutz, und man kann
mit etwas Glück hier sogar die streng geschützte Große Rohrdommel hören. Diese Halbinsel
steht neben anderen Gebieten wie den Feuersteinfeldern der Schmalen Heide und den Halbinseln Pulitz
und Thiessow seit 2009 unter dem Schutz der Deutschen Bundesstiftung Umwelt (DBU).

Bei Sonnenuntergang hat der Gespensterwald von Nienhagen alles
Unheimliche verloren. Ein dichtes Blätterdach lässt am Tage jedoch kaum Licht
hindurch, so dass dieser Wald stets in gespenstischer Dunkelheit daliegt.

Seen & Ströme

Von der Müritz bis zur Oder

Fährt man im südlichen Mecklenburg-Vorpommern durchs Land, dann ist man von einer zauberhaften Landschaft umgeben, auf deren sanften Hügeln und Endmoränen sich im Sommer unglaublich große Kornfelder im Wind wiegen. Weite Flächen sind mit Wäldern bewachsen, wobei hier die ursprünglichen Buchen- und Rotbuchenwälder von Kiefernwäldern abgelöst wurden. Dank der vielen Flächen, die heute Nationalpark sind, erobert der ursprüngliche Wald sein Terrain zurück, wie man es im Serrahner Teil des Nationalparks Müritz beobachten kann. Uralte, mehrere hundert Jahre alte Eichen stehen hier, oder in der Nähe des Feldbergs die Heiligen Hallen mit bis zu 350 Jahre alten Bäumen. Sie gelten als der älteste Baumbestand Deutschlands und wurden seit über einhundert Jahren nicht mehr bewirtschaftet.

Wer mit offenen Augen durch die Landschaft fährt, wird überall Sölle entdecken, die typischerweise in der Jungmoränenlandschaft zu finden sind. Diese „Augen der Landschaft" sind nur ein Teil der unglaublichen Wasserwelt dieses Nationalparks, der ca. hundert Seen umfasst, die größer als ein Hektar sind. Fast jedes kleine Dorf hat einen See, und die Natur ist hier noch so intakt, dass einem beim Baden auch schon mal ein Fischotter begegnet.

Der größte See Norddeutschlands, die Müritz, ist mittlerweile ein touristischer Magnet seinesgleichen geworden. Trotzdem lässt sich die wunderbare Natur in diesem dünn besiedelten Gebiet noch unmittelbar erleben. Man entdeckt den Seeadler, oder erspäht den Fischadler bei der Jagd, bewundert tausende von Kranichen, die sich im Frühjahr und im Herbst auf den Feldern satt fressen und abends vor Feinden geschützt im Schilf der Seen übernachten, von wo sie sich dann auf ihre lange Reise begeben. Das Trompetenkonzert der Kraniche wird man so schnell nicht vergessen.

In dieser typischen Wald- und Seenlandschaft, die durch den Nationalpark bewahrt wird, finden sich auch einzigartige Moorgebiete, die teils durch die Verlandung von Seen entstanden sind. Hier wohnt der Moorfrosch, der sich zur Laichzeit himmelblau verfärbt und übers Moor „gluckst" . Auch das selten gewordene Moor-Greiskraut kann sich wieder ungestört verbreiten.

Wasser ist das Element des Nationalparks Unteres Odertal, der sich entlang der Oder ca. sechzig Kilometer auch auf polnischem Gebiet bis hin nach Stettin erstreckt. Er ist eine der letzten naturnahen Flussauenlandschaften Mitteleuropas. Seine Bedeutung als Flächenfilter und für den Hochwasserschutz sowie die enorme Artenvielfalt des Gebietes erfordern Schutzmaßnahmen. 268 Pflanzenarten wurden gezählt, wobei das Adonisröschen als Seltenheit besonders erwähnt sei. Die feuchten Wiesen erblühen im Mai in den gelben Farben der Sumpfdotterblume. Für hunderttausend Enten, Gänse und Kraniche ist dieses Gebiet Rast- und Ruheplatz. Raritäten wie Seeadler, Schwarzstorch und Seggenrohrsänger fühlen sich hier zu Hause. Die mit Seerosen bedeckten Altwasserarme der Oder bieten vielen Insekten und Vögeln ihren Lebensraum. Aber auch die blühenden Trockenrasenflächen und Feuchtwiesen sind für viele bedrohte oder seltene Pflanzen ein Paradies. Der Nationalpark ist für seinen Artenreichtum sowohl in der Pflanzen- als auch in der Tierwelt berühmt.

Es ist Ende April. Langsam hebt sich die Nase der Cessna über die Baumwipfel, die das letzte Hindernis waren und nun den Blick auf das weite Überschwemmungsgebiet der Oder freigeben. Das Flugzeug schwenkt über die Stadt Schwedt hinweg. Zufällig ist heute der letzte Tag der diesjährigen künstlichen Beflutung der Oderauen. Beim Februarhochwasser waren die Fluttore geöffnet worden und setzten innerhalb von zwei Tagen das flache Poldergebiet unter Wasser. Genau das Gegenteil geschieht nun. Die Tore sind noch keine 24 Stunden offen, und das Wasser beginnt zur jetzt niedrigeren Oder zurückzuströmen. Die Veränderungen sind bereits sichtbar. Noch stehen die großen Weiden wie dunkle Wattebäusche im fast schwarzen Wasser. Altwasserarme, noch überflutet, sind zu erkennen.

Links: Der Serrahner Wald ist eine waldliche Besonderheit, da der Mensch schon seit langer Zeit nicht mehr ordnend eingreift. Er diente ehemals als Jagdgebiet der Herzöge von Mecklenburg-Sterlitz. In DDR-Zeiten war er als Naturschutzgebiet ausgewiesen und als Staatsjagdgebiet bekannt.

Hier breiten sich an totem Holz Zunderpilze aus und machen es brüchig. Der Specht liebt diese Vorbereitung und klopft seine Höhle ins mürbe Holz. Getrockneter Zunderschwamm diente früher zum Entfachen des Feuers, heute wird er zum weih-nachtlichen Krippenbau verwendet oder dient Künstlern zum Zeichnen.

Uralte Baumleiche im Serrahner Teil des Nationalparks.
Serrahn ist ein Begriff für Urwald und Sumpf. Fast vergessene Idylle.

Wandert man zum Müritzhof, der 1954 die erste Lehrstätte
für Naturschutz in Europa war und heute ein beliebtes
Ziel für Ausflügler darstellt, dann säumen Eichen den Weg.

Ein Eldorado für Wasservögel aller Art sind die überfluteten
Polder der Oder. Hier stärken sich vor allem Zugvögel im Frühjahr
und Herbst vor ihren langen Flügen.

Fast wie ein überfluteter Urwald mutet dieses
Bild der überschwemmten Oderpolder an. Einzig die
Baumwipfel schauen noch aus den Fluten hervor.

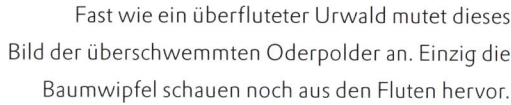

Ebenfalls aus der Vogelperspektive aufgenommen sind diese
Altarme der Oder mit einem eingelagerten See im Oderbruch.
Eine enorme Vielfalt an Flora und Fauna macht dieses
Gebiet aus. Es zählt zu den artenreichsten Gebieten Deutschlands.

Im Frühling erwacht die Natur im Oderbruch erneut, und bald werden
die weißen Blüten der Seerosen auf den Wasserflächen leuchten.
Zahlreiche Insekten schwirren herum und bieten so für viele Vögel einen reich
gedeckten Tisch. Im Wasser leben zudem 47 verschiedene Fischarten.

Der Harz

Mystik im Herzen Deutschlands

Der Harz

Mit 1.142 Metern Höhe ist der Brocken die höchste Erhebung des Harzes und der norddeutschen Tiefebene. Die klimatischen Bedingungen sind je nach Höhe sehr unterschiedlich. Ab 1.100 Metern Höhe ist die Baumgrenze erreicht und es herrscht subarktisches Klima. Bei westlichen Strömungen kann es zu heftigen, tagelangen starken Stürmen und Regenfällen kommen. Die höchste gemessene Windgeschwindigkeit betrug 263 km/h. Bis zu 300 Tage im Jahr hängt der Gipfel im Nebel. Die durchschnittliche Niederschlagsmenge liegt bei 1.600 mm. 176 Tage im Jahr liegt Schnee. Betrachtet man die dichten Urwälder an den Hängen des Berges bei Nebel, kann man sich sehr gut die Entstehung von Geschichten über Hexen, Geister und Kobolde vorstellen. Es ist dann ein unheimlicher Ort, an dem sie an der Walpurgisnacht auf dem Blocksberg, wie der Brocken auch genannt wird, tanzen.

All dies wollte ich mir ansehen und reise kurz nach Weihnachten auf den Brocken. Stahlblauer Himmel überspannt den Brocken und der Blick reicht bis weit nach Osten und Westen in die Tiefebenen hinein. Es hatte in den letzten Tagen wohl Tauwetter vorgeherrscht, denn dickes, glänzendes Eis sitzt wie ein Panzer auf allen Ästen und Bäumen. Bis zu 20 cm lange Eisdolche strecken sich in den Himmel und das Gewicht des Eises drückt die Bäume fast bis zum Boden, als würden sie sich vor Väterchen Frost verneigen. Bei jedem Luftzug knarrt und ächzt es in den Wäldern. Man könnte meinen, der Wald stöhne unter der schweren kristallenen Winterpracht. Hin und wieder fallen krachend Eiszapfen zu Boden.

Unmittelbar vor Sonnenuntergang lässt die Sonne den vereisten Fichtenwald in einem traumhaften Licht aufleuchten. Dann glüht der Himmel! Im Westen in einem unglaublichen Blutorangerot. Als sei der Schönheit des Wintertages noch nicht Genüge getan, zieht alsbald die fahle Sichel des Neumondes mit einer strahlenden Venus an ihrer Seite am Abendhimmel auf. Ein gelungener Auftakt für meine Winterreisen in den Harz, die noch folgen sollten.

Der Magie des Brockens um diese Jahreszeit kann ich mich nicht entziehen und reise deshalb zwei Wochen später wieder zurück zum Berg. Doch diesmal präsentiert er sich von einer ganz anderen Seite: Dichter Nebel umhüllt ihn. Eisige Winde peitschen Eis- und Schneekristalle über die kahle Bergkuppe. Doch irgendwann verzieht sich auch der grimmigste Sturm und die Sonne kommt wieder zum Vorschein. Wie aus einem Märchen erscheint nun der glitzernde, gefrorene Fichtenwald. Dicker Schnee und gefrierender Nebel haben die Bäume unter sich begraben. Plötzlich reißt die Nebeldecke für wenige Sekunden auf, die Sonne bricht heraus und überschüttet die Wälder mit einem Licht, das ich nur aus der hohen Arktis kenne. Riesige Nebeltürme, die gelb angestrahlt werden, fegen über den Brockengipfel, und Schneefahnen jagen über die Teufelskanzel, die markanteste Felsformation am Brocken. Am nächsten Morgen verwandelt das tiefrote Licht des Sonnenaufgangs diese großartige Landschaft im Norden Deutschlands in ein wahres, natürliches Paradies, geschaffen aus Schnee, Wind und Licht.

Das Antlitz des Berges ändert sich im Jahreskreislauf, ohne etwas von seiner Faszination zu verlieren. Anfang Juni nimmt mich der Oberförster des Nationalparks Harz mit in sein Revier. Wir fahren um fünf Uhr in der Frühe bei strömendem Regen die „Schweißstrasse", wie die Brockenstraße auch genannt wird, von Schierke hinauf auf den sommerlichen Brocken. Bald erreichen wir die Waldgrenze und tauchen in dichten Nebel ein. Hier unterhalb des kahlen Brockengipfels erstreckt sich der größte, noch intakte Bergfichten-Urwald Deutschlands. Aus diesem unwegsamen Gebiet konnten die kranken umgekippten oder vom Sturm gefällten Bäume nicht abtransportiert werden und so überließ man der Natur die Aufgabe, den Wald aufzuräumen. In diesem Urwald finden sich bis zu zweihundert Jahre alte Bergfichten und Ebereschen. Eingebettet in die Stille des Waldes liegen Regenmoore, wie das Sattelmoor und das Goethemoor. Wir steigen nun auf in die Kernzone, und schon nach wenigen

Das Bodetal im Harz wird auch als der „Grand Canyon Deutschlands" bezeichnet. Wildromantisch fließt die dunkle Bode durch tief in Granit eingeschliffene, dunkle Wände. Schroffe Felsnadeln erheben sich aus dem Tal.

Minuten fühle ich mich wie in einer anderen Welt. Dick und nass ziehen die Nebelschwaden und der Nieselregen durch den Bergfichtenwald. Überall liegen Baumleichen, zum Teil nackt und kahl, zum Teil schon dicht mit Moospolstern besetzt kreuz und quer über die mächtigen Felsen gestreckt. Je weiter wir vordringen, desto beklemmender wird die Umgebung. Riesige Geröllfelder mit großen Quaderfelsen liegen verstreut im Wald, überdeckt von Matten, gebildet von Blaubeersträuchern, aus denen sich Rippenfarn streckt. Von einigen Zweigen hängen lange Bartflechten, triefend nass. Wir steigen ab und erreichen das Gothemoor. Dunkler, schwarzer Sumpf mit entsprechendem Geruch empfängt uns. Das Wollgras blüht auf den Grasinseln, und auch hier liegen überall umgestürzte

Bäume. Von vielen sind durch den dichten Nebel nur Silhouetten erkennbar. Gegen neun Uhr bricht die Sonne durch den Nebel und löst ihn auf. Das Mystische ist dem Wald entzogen.

Diese Unberührtheit der Natur ist ein Erbe des geteilten Deutschlands. Seit 1961 durchschnitt die Mauer das Brockengebiet. Danach wurde es bis zur Wende 1990 zum Sperrgebiet erklärt. Fast vierzig Jahre blieb die wilde Natur am Brocken sich selbst überlassen und konnte ungehindert, ohne menschliche Einflussnahme, ihre jetzige Ausprägung entwickeln. Nur der Brockengipfel wurde bis auf wenige Stellen vom Militär zubetoniert. Ein Erbe, das uns wie ein Geschenk anmutet, denn dieser Urwald mit seinem alten Baumbestand und Mooren ist einzigartig in Deutschland.

Filigrane Farne wachsen sogar aus den Felsspalten heraus. Die massigen Felsen, die am Waldboden liegen, sind mit einer dünnen Humusschicht bedeckt. Dies reicht aus, damit sich die Wurzeln von Beerensträuchern festklammern können. So erscheint der Waldboden wie eine sanft gewellte, begrünte Hügellandschaft.

Verwirrend erscheint dem Betrachter manchmal
der typische Urwald am Brocken. Sich selbst überlassen
schafft sich die Natur ein eigenes Paradies.

Baumveteranen im Bergfichten-Urwald am Brocken. Jeder Baum hat ein anderes Gesicht und erzählt seine eigene Lebensgeschichte. Diese Baum-veteranen lassen viel Spielraum für fantastische Geschichten.

Der künstlich geschaffene Radau-Wasserfall wurde innerhalb von zwei Jahren gebaut. Die damaligen Wanderer und Gäste aus Bad Harzburg konnten ihn ab 1859 bestaunen.

Die Zeterklippen im Nationalpark Harz sind ein markanter Aussichtspunkt und ein beliebtes Wanderziel. Von hier genießt man einen schönen Ausblick auf den Harz und auf den nahegelegenen Brocken. Die Felsblöcke scheinen von Hand behauen zu sein, so quadratisch liegen sie zum Teil da. Ursache dafür ist die Wollsackverwitterung, eine spezielle Verwitterungsart von grobkristallinen Gesteinen wie z. B. Granit. Im Laufe der Jahre entstehen kantengerundete Gesteinsblöcke, die an gestapelte Wollsäcke erinnern, woher sich auch der Name ableiten lässt.

Vorhergehende Doppelseite:

Mit rasender Geschwindigkeit fegen Nebelfetzen über den tief winterlichen Brockenwald im Januar.

Tauwetter hatte kurzfristig eingesetzt und bizarre Eisnadeln an den Zweigen entstehen lassen. Die kalte Dezembersonne steht nur knapp über dem Horizont.

Glutroter Abendhimmel hinter einer schmelzenden Eisformation.

Zentnerschwer hängt das vom Nebel und Sturm gebildete Eis an den kleinen Fichten nach tage-langem Wind von über 80 km/h.

Kurz vor Sonnenaufgang zog eine Nebelwand mit rasender
Geschwindigkeit aus dem Tal vor die aufgehende Sonne.

Vorhergehende Doppelseite:

Arktische Eindrücke bei der Teufelskanzel. Reif und Schneewehen
verleihen ihr nun ein völlig ungewohntes Antlitz.

Rechs: Eisdolche an einem abgestorbenen Baum.

Unten: Nach tagelangem, intensivem Schneefall
hat sich der Wald in eine Traumlandschaft verwandelt.

Buchenwälder

Die grüne Mitte Deutschlands

Der Klassiker! Die Bundesrepublik hat Anfang 2009 einen Antrag bei der UNESCO eingereicht, damit fünf besonders naturnahe Buchenwälder in Deutschland den begehrten Status als Weltnaturerbe erhalten. Darunter befinden sich unter anderem auch Teile des Nationalparks Kellerwald-Edersee, des Hainich und des Nationalparks Jasmund. Wird der Status von der UNESCO anerkannt, dann stehen diese wundervollen Buchenwälder als Naturdenkmäler in einer Reihe neben dem Yellowstone-Nationalpark in den USA oder dem Barriereriff in Australien.

Buchenwälder

Ratong – ratong – ratong! So geht es seit über einer Stunde mit dem Fahrrad über die Panzerplattenwege hinein in einen der bedeutendsten Buchenwälder, den Hainich. Er liegt im nördlichen Thüringen und wurde durch die Wiedervereinigung zur geographischen Mitte Deutschlands. Bis vor wenigen Jahren war mir dieses Gebiet völlig unbekannt, und doch hatte ich nach der Wende 1990 darüber gelesen. Kein Wunder, war doch der gesamte Hainich ein gesperrtes militärisches Übungsgelände. Kein Zivilist hatte Zutritt. Siegfried Claus, Naturschutzfachmann in Thüringen, hat seine Eindrücke nach seinem ersten Besuch im Hainich wie folgt beschrieben: „Was für ein Wald bot sich hier unseren Augen dar: riesige Rotbuchen, Eschen, Berg- und Spitzahorn, Eichen, Wildkirsche und Linde. Totholz lag überall überwuchert mit dicken Moosen wie wir sie in deutschen Laubwäldern noch nicht gesehen hatten." Nun war ich endlich selber dort, um den Wald zwischen Anfang April und Ende Mai zu beobachten. Das Besondere im Park sind die Blumen!

Diese Form des Kalk-Buchenwaldes ist weltweit sehr selten anzutreffen, da kalkhaltige Böden eher landwirtschaftlich genutzt wurden und so der Wald immer abgeholzt wurde. Doch im Hainich konnte sich der Wald ungestört entfalten. Die Bodenbeschaffenheit des Hainich ist so ideal, dass sich vor allem im Frühjahr ein Meer von Blüten unter den Buchen ergießt.

Den Hainich habe ich als riesigen botanischen Garten für mich entdeckt. Ende März, Anfang April schieben sich überall durch das tote Laub die Sprösslinge der Märzenbecher, die kurze Zeit darauf wie Schneeflocken den Waldboden bedecken. Dieses Spektakel währt aber nicht lange und wird abgelöst von den Buschwindröschen und Schlüsselblumen. Keinen Tag kann ich jetzt missen, ständig verändert sich der Wald. Über weite Flächen, etwas versteckt im tiefen Wald, ergießt sich eines Tages der bunte Teppich des Lerchensporns und der wiederum verschwindet nach wenigen Blütetagen und wird überwuchert vom Bärlauch. Dieser tritt erst als alles abdeckender grüner Bodendecker auf. Dann erscheinen die ersten schüchternen, weißen Blüten, und als Ouvertüre erblüht der Wald in einem dichten grün-weißen Flaum, der sich, einer Welle gleich, über alle Hügel zieht. Die Buchen haben in dieser Zeit des hohen Blumenrausches auch nicht geschlafen. Langsam schieben sich deren Blätter aus den Knospen. Der Wald erstrahlt jetzt in einem atemberaubenden Frischgrün. Dieses wird mit jedem sonnigen Tag dunkler, und immer weniger Licht erreicht den Waldboden. Irgendwann entzieht die Lichtabstinenz den Bodenblühern das Lebenselixier und sie sterben. Das Laubdach hat sich geschlossen.

Noch immer bin ich mit dem Fahrrad unterwegs und komme zu den Wallhecken außerhalb des Parks, bestehend aus Weißdorn und wilden Kirschen. Eine Sinfonie ganz in Weiß. Eine Augenweide. Meine Augen schwenken auf die weiten Wiesen, die in sattem Gelb gegen den blauen Himmel leuchten. Hier hat sich Löwenzahn üppig breit gemacht. Ich bin fasziniert von dieser abwechslungsreichen Frühjahrsblüte, die ich im Wald und am Waldsaum so nie vermutet hätte.

Noch eine Besonderheit wartet auf mich. Ich begebe mich auf die Höhe der Baumwipfel und das, ohne wagemutig einen hohen Buchenstamm erklimmen zu müssen. Hier gibt es nämlich den Baumkronenpfad, auf dem ich bequem über dem Blätterdach wandern kann. Eine ganz neue Perspektive und Ansicht des Waldes bieten sich mir. Ich genieße bei schönem Wetter eine herrliche Aussicht über den Nationalpark. Mit diesem letzten Eindruck fahre ich sehr zufrieden nach Hause mit dem Vorsatz wiederzukommen.

Ich wechsele den Ort, nicht aber die Faszination, die mich angesichts des nächsten großen Buchenwaldes befällt. Der Wald im Nationalpark Kellerwald-Edersee zählt mit einer Fläche von 57 Quadratkilometern ebenfalls zu einem der größten zusammenhängenden Buchenwälder Europas. Am Grund der steilen Hänge, die zum Edersee hinabführen, stehen bizarr aussehende, tausendjährige Knorreichen, die sich dort festzukrallen

scheinen. Sie sind aufgrund des kargen Bodens recht klein geblieben. Ich wende mich dem Hainsimsen-Buchenwald zu. Hier können stehende oder liegende tote Bäume vom Zunderschwamm erobert und mithilfe vieler Käfer und Pilzarten mürbe gemacht werden. Der Buchenschleimrübling nämlich siedelt sich mit dem Zunderschwamm auch auf alternden, lebenden Bäumen an und beginnt dort sein Werk der natürlichen Zerstörung.

In diesem Gebiet suche ich nach einer Rarität: der Pfingstnelke. Sie wächst an sonnigen, felsigen Plätzen und bietet mit ihren rosa- bis pinkfarbenen Blüten vor allem Tagfaltern durch ihren Nektarreichtum Nahrung. Ich muss ein wenig suchen, um ein besonderes Exemplar vor die Linse zu bekommen. Bemerkenswert und einen Besuch lohnt auch

der Reinhardswald in der Nähe Kassels. Er ist kein Nationalpark, kein Biosphärenreservat und noch nicht einmal als Naturpark ausgewiesen. Dies ist der sagenhafte Märchenwald, den einst die Gebrüder Grimm als Schauplatz ihrer Geschichten gesehen haben, und der bereits 1907 zum Naturschutzgebiet erklärt wurde.

Unmittelbar nach Betreten des Waldgebietes ist man beeindruckt von den in Würde gealterten Bäumen. Und es dauert eine ganze Weile, bis man begreift, was man vor Augen hat. Jeder Baum strahlt eine individuelle Größe und Erhabenheit aus, hat über die Jahrzehnte eine besondere Gestalt angenommen. Hier scheint für einen demütigen Betrachter die Zeit still zu stehen oder wenigstens unendlich langsam zu vergehen. Ein Ignorant, wer eilends durch diesen wunderbaren Wald hetzen würde!

Die Pfingstnelke, die durch die Bundesartenschutzver-
ordnung besonders geschützt ist, lockt mit ihrem
Duft zahlreiche Tagfalter an. Im Kellerwald-Edersee-
Nationalpark zählt sie zu einer botanischen Rarität.

Der in Mitteleuropa weit verbreitete Adlerfarn
besticht durch seine imposante Größe, denn er kann unter
günstigen Bedingungen bis zu 4 Meter hoch werden.

Oben: Baumveteran im Reinhardswald.

Links: Alte Hutebuche im Kellerwald.

Eine Knorreiche im Kellerwald aus
einer ungewöhnlichen Perspektive fotografiert.

Die klassische Ansicht eines typischen Buchenwaldes
verdeutlicht, dass diese Bäume kaum etwas neben oder unter
sich bestehen lassen. Sie schöpfen ihre Dominanz voll aus.

Der Bärlauch als Bodendecker überwuchert Baumleichen.

Unterschiedlichste Grüntöne in den einzelnen
Bäumen werden vom Baumkronenpfad
im Hainich sichtbar. Fantastisch im Frühling.

Sonne flutet durch den
morgendlichen,
nebeligen Buchenwald
nahe der Sababurg.

Diese Baumveteranen geben
dem Reinhardswald sein besonderes
Gesicht. Knorrig und verwachsen
stehen sie dort und sind
Zeugnis längst vergangener Zeiten.

Mystische, alte und Ehrfurcht erbietende Baumveteranen säumen den Rundweg durch den Reinhardswald.

88

Wie in einem botanischen Garten zieren diese zarten Blüten
den Hainicher Wald. Märzenbecher und Schlüsselblume eifern mit
Orchideen, Leberblümchen und Lerchensporn um die Wette.

Nicht nur am Waldboden des Hainich breitet sich im Frühling ein üppiges Farbenmeer aus. Die Weißdornblüte konkurriert mit der Blütenpracht der wilden Kirschen. Farblich passend, wie von Künstlerhand per Pinselstrich dorthin gesetzt, durchzieht eine Schafherde das idyllische Bild.

Das Frühlingskleid des Hainich wechselt häufig. Verschiedene Blühstadien von Märzenbecher bis Bärlauch wechseln sich in diesem schönen Buchenwald ab. Überquellend und dicht gedrängt steht Blüte an Blüte unter dem frühlingshaften Blätterdach und legen sich wie ein Teppich dem Wald zu Füßen.

Nachfolgende Doppelseite:

Eine Gewitterfront zieht über dem Hainich-Nationalpark auf. Die bedrohlich wirkenden Wolken entladen sich später mit Blitz, Donner und Platzregen.

Studie des Bärlauchwachstums: Zuerst schieben sich die zartgrünen Sprossen der Gewürz-
pflanze durch die Laubschicht. Dann öffnet sich der junge Bärlauch zunächst ein wenig.
Kurz vor der Blüte entfalten sich die Pflänzchen dann vollständig und es entwickelt sich die
herb duftende weiße Blüte. Bärlauch war schon bei den Römern als Heilpflanze bekannt.
In den letzten Jahren erlebt dieses Küchenkraut seine Renaissance und ist aus der modernen
deutschen Küche nicht mehr wegzudenken. Namensgebend ist die Tatsache, dass Bären
nach ihrem Winterschlaf diese Pflanze als erste Nahrung finden können.

Nachfolgende Doppelseite:

Gelb blühender Löwenzahn breitet sich unter den Kirschbäumen aus, die ihr
weißes Frühjahrsgewand überstreifen. Das alles und noch viel mehr ist im Hainich
zu bewundern. Die Blütenvielfalt gibt ihm seinen besonderen Zauber.

Elbsandstein

Felsentürme und Schluchten

Sintflutartig stürzt der Gewitterregen vom Himmel. Der kleine, steile Wanderweg, gespickt mit Treppen und Eisenleitern, wird zur Gefahr. Oben auf dem Weg zur Schrammsteinaussicht sind plötzlich reißende Bäche wo sonst der Pfad verläuft. Eine Holzstufe vor mir wird weggeschwemmt. Ein Blitz zuckt in unmittelbarer Nähe, gefolgt von einem ohrenbetäubenden Donnerschlag. Ich kauere mich unter einen Felsen und hole den Regenschutz hervor. Das Wasser rinnt in meinen Fotorucksack, so dass dieser um einige Kilogramm schwerer wird. Nach etwa zwanzig Minuten beruhigt sich das Wetter, und ich wage mich auf die äußerste Spitze der Aussicht. Dichte Nebelfetzen jagen am Torsteinfelsen in die Höhe, werden über den Schrammtürmen vom eisigen Wind zerrissen und vereinigen sich mit den abziehenden Gewitterwolken. Doch dann geschieht, worauf ich gehofft hatte. Durch einen schmalen Wolkenspalt erscheint gelblich die tief stehende Abendsonne und wirft einen Strahl durch das Schrammtor auf den Nebel. Für Sekunden werden die Umrisse der Felsen sichtbar. Drei, vier Bilder kann ich fotografieren, dann verschwindet die Sonne für den Tag. Es hat sich gelohnt!

Die Sächsische Schweiz ist eine „Welt der 1000 Türme". Am besten erreichbar ist sie an der Bastei. Von der Basteibrücke bietet sich ein Ausblick auf eine Bergwelt, die ihresgleichen sucht. Bizarre Felsformationen, die Namen tragen wie: Vordere und Kleine Gans, Lokomotive oder Lamm. Schaut man senkrecht von den Eisensteigen hinab ins Tal des Wehlgrundes, wird man an Bilder aus Madagaskar oder Venezuela erinnert.

Vor etwa 80 - 100 Millionen Jahren war das ganze Land überspült vom Kreidemeer, das sich später langsam zurückzog. Zurück blieben Kalk- und Kreideablagerungen, die sich im Laufe der Zeit verfestigten. Die Elbe, die Polenz, die Sebnitz und die Kirnitzsch gruben sich zwischen die Gebirgsstöcke, Witterungseinflüsse taten ihr Übriges um das heutige Erscheinungsbild des Elbsandsteingebirges mit seinen Türmen, Tälern, Schluchten und Tafelbergen entstehen zu lassen. Bis zu siebzehn

Tafelberge ragen aus der Ebene auf. Der höchste von ihnen ist der Große Zirnstein mit 560 Metern.

Eines der besonderen Merkmale der Sächsischen Schweiz ist die Umgekehrtheit der Vegetationszonen. Normalerweise liegt im Frühjahr der Schnee auf den Bergen länger als im Tal und auch die Temperaturen sind auf den Bergen niedriger als in der Talsohle. Hier ist es genau anders herum. Das sogenannte „Kellerklima" mit schattigen Talschluchten, Kälte und hoher Luftfeuchtigkeit ist für diese Verschiebung verantwortlich. Viele montane Pflanzenarten der arktisch alpinen Flora können sich hier halten. Weiter oben herrschen jedoch trockene und jede Feuchtigkeit ableitende Sandsteine mit poröser Oberfläche vor.

Vom Lichtenhainer Wasserfall aus steige ich Richtung Affensteine auf. Auf dieser Wanderroute Richtung Schmilka oder Schrammsteine finde ich die fotogensten Aussichtsplätze. Über Holzleitern und Treppen führt der Weg steil hinauf, und nach zwei Stunden erreiche ich den Kleinen Dom. Dominant erheben sich seine zwei gewaltigen Felsnadeln weit über den Wald. Von hier genieße ich einen herrlichen Blick über den Nationalpark zu meinen Füßen, die Hohe Liebe rechts, den einzeln stehenden 381 Metern hohen Falkenstein und zu meiner Linken den Schrammstein. Der Falkenstein ist sehr beeindruckend, wie er trutzig in die Landschaft ragt, und ich denke an vergangene Zeiten, in denen mittelalterliche Ritter in der Burgwarte lebten, die auf diesem Fels errichtet war. Sensationell ist dieser Anblick im Herbst, wenn der Falkenstein von dichtem Nebel umgeben ist und nur seine Spitze herausragt.

Im nördlichen Teil des Nationalparks, nahe der Stadt Wehlen, geht es von den Höhen und Plateaus der Sächsischen Schweiz geradezu in ihren „Keller". Ich wandere in den Uttewalder Grund. Dieser Teil der Sächsischen Schweiz ist nicht so bekannt, aber dennoch faszinierend. Ich wandere durch ein Gebiet, das durch enge Schluchten gekennzeichnet ist. Dieser Canyongrund ist mehrere Kilometer lang. Die Felswände stehen oft

Elbsandstein

dicht aneinander, so dass in die schmale Schlucht kaum ein Sonnenstrahl dringt. Dadurch hat sich ein Kellerklima entwickelt, das durch Feuchtigkeit, Kälte und Dämmerlicht gekennzeichnet ist. An den dunklen, schwarzen Felswänden hängen riesige Farne herab, üppig wachsende Moose polstern Teile der Felsen und des Canyongrundes aus, durch den ein kleiner Bach murmelt. Die Enge und Dichte der Schlucht lässt sie düster und unheimlich erscheinen. Einige abgestürzte Felsen bilden an einer besonders engen Stelle das Uttewalder Felsentor, das bereits von Caspar David Friedrich im Jahre 1800 auf einem Gemälde festgehalten wurde.

Der Große Zschand. Viel hatte ich von diesem Gebiet in der Hinteren Sächsischen Schweiz gelesen – von seiner Wild- und Abgeschiedenheit. Der Wanderweg in dieses abgelegene Gebiet der Sächsischen Schweiz beginnt wie so oft im Kirnitzschtal und führt zunächst eine breite Fahrstraße hinauf zum Zeughaus. Von hier folgt man einem ziemlich steilen, aber breiten Weg zur Goldstein-Aussicht, wo sich eine der ganz großen Aussichten über Hänge, Mischwälder und Felsentürme bietet. Außer in der Hochsaison trifft man hier kaum auf Wanderer. Einige Waldgebiete sind Kernzonen des Nationalparks. Ruhezonen für Wildkatzen und den hier vorkommenden Luchs. Die Begehungsverbote sollten eingehalten werden, um dieses Stück Wildnis zu bewahren.

Vom Kuhstall aus in den Nationalpark gesehen. Von links:
Die Affensteine und der Bloßstock, die Schrammsteine,
der Gohrisch und ganz rechts der Falkenstein.
Der Frühling hat Einzug gehalten in die Sächsische Schweiz.

Dieser herbstliche Buchenwald bedeckt den Großen Zschand. Dieses abgelegene Gebiet befindet sich in der hinteren Sächsischen Schweiz und reicht bis an die deutsch-tschechische Grenze, hinter der das Gebiet zur Böhmischen Schweiz wird, die ebenfalls als Nationalpark ausgezeichnet ist.

Links: Diese Felsentürme ragen nahe der Bastei in den Himmel. Der Sandstein dieses Gebirges wurde für die Erstellung berühmter Bauwerke wie etwa der Frauenkirche und des Zwingers in Dresden sowie für den Bau des Brandenburger Tores verwendet. Aber auch das Kopenhagener Schloss ist aus diesem Baumaterial errichtet worden.

Oben rechts: Blick auf die Basteibrücke.

Unten rechts: Einige wenige Bäume wie die Kiefer und die Birke schaffen es, sich auf einer dünnen Humusschicht, die die Felsplateaus bedeckt, festzukrallen.

Aussicht am Kleinen Dom. Ein Streckenverlauf des Malerweges führt über den Kleinen Dom. Der Malerweg folgt den Spuren Caspar David Friedrichs, Carl Gustav Carus' und Ludwig Richters, die von der pittoresken Landschaft derart fasziniert waren, dass sie diese auf ihren Bildern festgehalten haben. Entlang dieses Weges kann jeder mit eigenen Augen die wilde Natur erleben, wie schon die Maler der Romantik sie gesehen haben.

Die wunderbare Landschaft des Nationalparks liegt unter der dichten Wolkendecke verborgen, und nur die Höhe der Schrammsteinaussicht erlaubt diesen Blick auf den Falkenstein und den Tafelberg Hohe Liebe, auf dem ein Ehrenmal für verunglückte oder verstorbene Bergsteiger steht. Hier treffen sich am Totensonntag Bergsteiger zum Andenken der ums Leben gekommenen Kameraden.

Oben: Am Vorderen Torstein im Schrammsteingebiet.

Linke Seite: Tiefwinter am Schrammstein und Falkenstein.

Dieser Canyon im Kirnitzschtal ist bezeichnend
für die wildromantische Atmosphäre
des Tals. Eng, feucht und dunkel liegt es dennoch
üppig grün vor einem. Herunterhängende
Farne und dicke Moospolster bestimmen das
Bild der schwarzen Felswände.

Der dichte Buchenwald am Großen Zschand ist durchsetzt
mit großen Felsen, die verstreut am Waldboden liegen.

In den Schluchten und Canyons der Sächsischen Schweiz finden sich bis zu 32 verschiedene Farnarten, darunter der Hautfarn, der in Mitteleuropa als Seltenheit gilt. Die sächsische Artenvielfalt an Farnen ist in keinem anderen deutschen Mittelgebirge zu finden. Dank des Kellerklimas in den Klüften und Schluchten konnten sogar Relikte aus der Eiszeit wie das Zweiblütige Veilchen, auch Gelbe Veilchen genannt, oder der Sumpf-Porst überleben. Der Sumpf-Porst wächst an schattigen Felsen und ist charakteristisch für die Sächsische Schweiz.

Die Bastei ist der beliebteste Aussichtspunkt im Elbsandsteingebirge. Die bekannte Sandsteinbrücke überquert seit 1851 ein tief zerklüftetes Tal und führt zur ehemaligen Felsenburg Neurathen. Die Brücke soll das erste europäische Bauwerk sein, das nur zu touristischen Zwecken gebaut wurde. Früher diente eine Holzbrücke als Verbindung zur mittelalterlichen Burganlage, von der nur wenige Reste erhalten sind.

Rechts: Das Morgenlicht lässt den großen Schrammstein weich aufleuchten.

Diese große Buche krallt sich mit riesigen Wurzeln am Fels fest. Im Hintergrund sieht man das kleine Prebischtor, dessen großes Pendant auf der tschechischen Seite bereits im 15. Jahrhundert schriftlich erwähnt wurde und als die größte natürliche Sandsteinbrücke gilt.

Sandsteindetail an den Affensteinen. Der Name hat im Übrigen nichts mit Affen zu tun, sondern geht auf die altdeutsche Bezeichnung „Auf" für Uhu zurück. Der Uhu nistet wieder im Elbsandsteingebirge und baut seine Horste in die urigen Felstürme.

Der aufgehende Vollmond
lugt um die Ecke der
linkselbischen Pfaffensteine.

Wasser, Hitze und Frost sind die gestalterischen Mittel der Natur, die diese Erosionsformen im Elbsandsteingebirge hervorbringen. Wabenwände, Sanduhren, Felsnadeln und sogar Felstore entstehen durch die Erosion des Sandsteins.

Die Herkulessäulen im Bielatal sind mit eines
der beliebtesten Kletterreviere im Elbsandsteingebirge.

Linke Seite:

Der Pfaffenstein ist ein Tafelberg mit einer Ausdehnung von 12 Hektar.
Markantester Punkt und Wahrzeichen des Pfaffensteins ist die Felsnadel
Barbarine, die 43 Meter in die Höhe ragt (rechts unten im Bild). Auf
diesem riesigen Plateau findet auch der Wanderfalke ungestörte Nistplätze.

Nachfolgende Doppelseite:

Romantischer Sonnenuntergang über dem Schrammtor.
Diese Aufnahme bedarf eines besonderen Timings
und einer Studie des Wetterberichts, denn nur zu einer ganz
bestimmten Jahreszeit versinkt die Sonne genau hier.

Blick vom Carolafelsen, mit
458 m der höchste Gipfel
im Affensteingebiet. Die Bäume
scheinen wahre Überlebenskünstler zu sein, kommen sie
doch mit einem Minimum an
Humus zurecht und trotzen
auch extremen Temperaturen,
die auf den Felsen bis zu
60°C erreichen können.
Vorherrschend wachsen hier
die Moorbirke und die Kiefer.

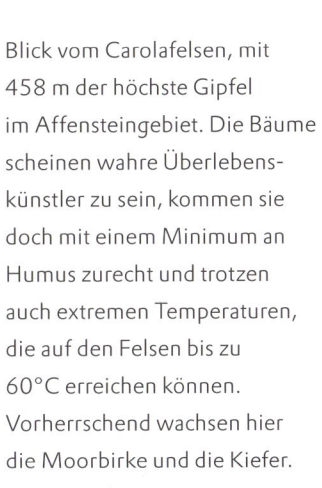

Ein riesiges Felsentor am Kuhstall gibt
einen natürlichen Rahmen für eine herrliche
Aussicht über den Nationalpark Sächsische Schweiz.

Wasserläufe durchziehen allerorten das Gebiet und haben manche
Klamm geformt, in denen der Schwarzstorch oder die Wasseramsel brüten.
Die Kirnitzsch beispielsweise war in früheren Zeiten der wichtigste
Floßbach der Sächsischen Schweiz. Holz wurde so aus entlegenen Gebieten
bis nach Bad Schandau gebracht. Von dort wurde das Holz Richtung
Dresden verschifft und diente unter anderem als Brennmaterial für die
Meißner Porzellanmanufaktur.

Die große Feuchtigkeit des Gebietes ist Garant für das Wachstum vieler
Flechten, die die Felsen überziehen. Bisher wurden 367 Flechtenarten,
darunter auch eher selten vorkommende Arten, nachgewiesen.

Ende März findet die hohe Zeit der Märzenbecher-
blüte im Polenztal statt. Tausende Blüten schieben
sich durch den letzten Schnee, werden vom
Hochwasser bedrängt, um sich letztlich zu behaupten
und den langersehnten Frühling anzukündigen.

Rückwärtige Ansicht eines gefrorenen Wasserfalls im Polenztal.
Auch so kann ein Wintermärchen in der Sächsischen Schweiz aussehen.

Die Eifel

Wälder, Seen und Moore

Aus einer etwas anderen Perspektive betrachtet, scheint dieser winterliche Buchenwald
unendlich in den nebeligen Himmel zu wachsen und hat etwas Gespenstisches an sich.

Im Januar 2004 wurde aus dem ehemaligen Truppenübungsplatz Vogelsang, dem Naturschutzgebiet Kermeter und anderen Staatswäldern der erste Nationalpark Nordrhein-Westfalens gegründet. Dies geschah noch bevor der Nationalpark Kellerwald-Edersee gegründet wurde. Beide, als auch der Hainich, haben den Buchenwald als dominierenden Bestandteil des Parks gemein. Hier in der Eifel sind fast achtzig Prozent der Parkfläche bewaldet, der Rest sind Offenflächen des ehemaligen Militärgeländes. Aufgrund der Abgeschiedenheit des Geländes konnten sich in den Wäldern seltene Tiere wie Biber, Uhu, Rot- und Schwarzmilan sowie eine große Reiher- und Kormorankolonie halten. Besondere Erwähnung verdient die in Deutschland größte Wildkatzenverbreitung. Bis zu eintausend dieser scheuen Jäger soll es hier geben.

Zum ersten Mal habe ich im Februar in diesem Gebiet fotografiert, doch der Wettergott war mir nicht hold, und so musste ich meine Fotoreise abbrechen. Aber ganz vergeblich war sie dennoch nicht, denn einer der Parkranger erzählte mir von wilden Narzissen, die hier im Perlenbach- und Hellental um Ostern zu abertausenden blühen sollen. Davon hatte ich noch nie etwas gehört oder Bilder gesehen. Meine fotografische Neugierde war geweckt, denn dieses Ereignis wollte ich auf gar keinen Fall verpassen. Den richtigen Moment zu erwischen, d. h. wenn die Blüten noch geschlossen sind, aber schon sichtbar, ist entscheidend. Ich warte ab, bis sich die ersten Blüten öffnen und Morgentau an dem frischen Gelb hängt. Mehrere Tage hintereinander wandere ich Anfang April zu der genannten Stelle und warte auf die ersten Knospen.

An einem Morgen ist es dann endlich soweit: Die Narzissen haben sich schon ein wenig aus dem Boden hervorgewagt, und an den Blättern haftet noch der Raureif einer kühlen Frühlingsnacht. Da entdecke ich die erste Blüte, die sich in die wärmende Frühlingssonne schiebt. Bald öffnet sich der gelbe Blütenkelch, und diese Narzisse ist die Vorhut von unzähligen anderen, die sich nach und nach in wenigen Tagen öffnen und sich dann in voller Blüte zur Schau stellen. Dieses wilde Narzissenmeer ist so ungewöhnlich, dass sich Touristen in Scharen um Ostern herum hier einfinden, um das Naturereignis mitzuerleben. Die zauberhaften gelben Wiesen der Eifel werde ich so schnell nicht vergessen.

Die Farbe Gelb begleitet mich bei meiner fotografischen Erkundung des Gebietes, denn der aufgelassene Truppenübungsplatz Vogelsang präsentiert sich ebenfalls in üppigem Gelb, wenn der Besenginster im Frühsommer Blütezeit hat. Hier breiten sich riesige Ginsterbüsche aus, die auch als „Eifelgold" bezeichnet werden. Südlich an den Kermeter grenzt die Urfttalsperre, die nach dem Zweiten Weltkrieg zum Truppenübungsplatz Vogelsang gehörte und Sperrgebiet war. Nun ist sie seit 2005 Kernstück des Nationalparks. Bei meinen Ausflügen stoße ich immer wieder auf die Reste der Vergangenheit, wie zerstörte Bunker und verlassene Häuser. Einige Gebiete sind abgesperrt. Sie zu betreten ist lebensgefährlich, da sie von Glasminen durchsetzt sind. Der Urftstausee windet sich durch bewaldete Landschaft und grenzt an den Obersee, der das Haupt-Vorbecken des Rurstausees ist. Wasserläufe sind in diesem Teil Deutschlands überall zu finden, denn das feucht-milde Atlantikklima bringt stets viele Niederschläge mit sich, wie ich im Februar am eigenen Leib erfahren musste.

Vor allem das benachbarte Hohe Venn, das zum grenzübergreifenden Nationalpark gehört, ist durch hohe Niederschlagsmengen gekennzeichnet. Das Hohe Venn in Belgien ist ein Hochmoor und in seiner Art einzigartig in Europa. Wasser ist hier das bestimmende Element. Ich wandere entlang der Moore, dessen dicke Torfschicht das Wasser förmlich aufsaugt. Überschüssiges Wasser fließt in unzähligen Bächen ab und wird später Teil der großen Stauseen sein. Durch Torfabbau und unnatürliche Nährstoffzufuhr sind die meisten Hochmoore zerstört worden. Großzügige Wanderwege auf Holzbohlen sind durch die Sümpfe und die benachbarten Bruchwälder gelegt worden. Am frühen Morgen zieht der Nebel durch unwirkliche Moosbirken und über Moospolster.

Knorrige Moorbirken sind charakteristisch für das sumpfige Gebiet. Besonders beeindruckend und unheimlich sind sie, wenn Nebelschwaden um die Stämme ziehen.

Wasser ist das prägende Element des Hohen Venns. Überschüssige Niederschläge, die nicht vom Moor gespeichert werden, fließen über unzählige Bäche ab.

Der ehemalige Truppenübungsplatz Vogelsang wird von der Natur
zurückerobert. Vorhut bildet der üppig blühende Ginster im Verbund mit
weiß blühenden Schlehenbüschen.

Die Ufer des Urftstausees sind von dichtem Wald gesäumt. Malerisch
durchschlängelt er den Nationalpark Eifel. Im Frühsommer setzt der blühende
Ginster gelbe Farbtupfer in die Landschaft. Die Urfttalsperre wurde
nach 5-jähriger Bauzeit 1905 fertiggestellt. Am Südufer brütet eine größere
Graureiherkolonie, zu der sich auch Kormorane gesellt haben.

Der Nationalpark Eifel zählt weite Wiesen zu seiner Landschaftsform, die mit verschiedensten Gräsern und Blumen aufwarten. Eine Besonderheit stellt jedoch die wilde Narzissenblüte im Frühling dar. Die Wiesen des Perlenbachtals beispielsweise verwandeln sich dann in ein gelbes Meer aus tausenden wild blühender Narzissen. Ein Naturschauspiel, das busseweise Touristen anlockt.

Pfälzerwald

Pfälzerwald und Wasgau

Auf der Kuppe eines Buntsandsteinfelsens errichtet, thront die Burg Berwartstein über dem dichten Pfälzerwald bei Erlenbach. Diese Burg ist die einzige im Wasgau, die wieder aufgebaut wurde und bewohnt ist. Wie ihre Nachbarburgen auch, wurde sie direkt in den Sandstein gehauen.

„Mein Wasgau ist wie ein teurer Edelstein. Man muss ihn lange ansehen und betrachten, um zu bemerken, in wie vielen verschiedenen Farben er funkelt und uns entgegenleuchtet. Nur das Licht kann uns diese, in Deutschland seltene Landschaft aufschließen! Bei der Suche nach Licht und Farbe ist das Land eine sagenhafte Fundgrube. Beim Suchen der Struktur des Urbildes bemerke ich die Grenzen meiner visuellen Wahrnehmung. Die rhythmisch in Farbe und Form zerlegten Wasgauhügel besitzen eine große Anziehungskraft. Hier ist, in zartester Atmosphäre, alles Stimmung. Wasgau ist ein Thema über Jahreszeiten und Jahre hinweg. Er ist ein Stück Natur, das nicht durchfahren werden sollte, sondern zur verweilenden Betrachtung und zum Aufenthalt einlädt."

So die Beschreibung Richard Stöbeners, Leica Lichtbildner der „alten Schule" und jahrzehntelang engagierter einheimischer Lichtbildner für den Wasgau.

Das Auto ist gepackt mit allem, was ich für eine längere Reise und ausgedehnte Wanderungen brauche. Sogar mein Fahrrad habe ich diesmal dabei. Die Reise führt nach Westen in den Pfälzerwald und hier speziell in den Wasgau. Der Pfälzerwald umfasst eine Fläche von 179.000 Hektar, wurde bereits 1959 zum Naturpark ernannt und stellt einen der letzten großen zusammenhängenden Buchenwälder Europas dar. Seit 1998 ist dieses Gebiet zusammen mit dem französischen Teil in den Vogesen von der UNESCO als Biosphärenreservat Pfälzerwald-Nordvogesen, ausgewiesen. Dort, wo man heute durch dichte Wälder wandert, vorbei an Felsformationen, befand sich im 12. und 13. Jahrhundert das Kerngebiet des Heiligen Römischen Reichs Deutscher Nation. Um die einhundert Burgruinen, die mehr oder weniger gut erhalten sind, erinnern an diese geschichtsträchtige Zeit. Im Süden endet der Pfälzerwald quasi an der französischen Grenze, den Vogesen.

Um mich über dieses Gebiet vorab zu informieren, suche ich in einer Buchhandlung nach entsprechender Literatur, in der Naturbesonderheiten

abgebildet sind. Mir fällt ein Postkartenset von Richard Stöbener in die Hände. Er setzte Felsentürme und Landschaften perfekt ins Licht. Kurzum melde ich mich bei ihm an, und er empfängt mich Gott sei Dank mit offenen Armen. Ich erfahre, dass die meisten der von ihm fotografierten Felsen im Laufe der Zeit von Wald überwuchert worden sind. Viele von Stöbeners Bildern wurden in den frühen 50er Jahren fotografiert, als die Bäume noch niedrig waren. „Klare Übersichten auf Felsentürme zu finden, ist heute sehr schwierig geworden", sagt er.

Im Biosphärenhaus in Fischbach bei Dahn treffe ich auf den Ortskenner Andreas Stern, der mich fortan auf vielen Wegen begleitet.

Es ist Anfang Mai, als ich mich auf den Weg zum Altschlossfelsen bei Eppenbrunn mache. Nach etwa vierzig Minuten Aufstieg wachsen riesige rote Säulen vor mir aus dem Buchenwald. Gerade schlagen die Buchen aus, und der umgebene Wald leuchtet in diesem wunderbaren hellen Grün. Dazu, nun im starken und doch passenden Kontrast, die roten Felsen. Knapp vierzig Meter ragen die ersten frei stehenden Felsen in den Himmel. Ich steige weiter, und mit jedem Schritt eröffnet sich ein neuer Blick. Felsenlöcher tun sich auf und tiefe Einschnitte. Exakt sichtbar sind die verschiedenen Sandsteinschichten, die wohl viel Eisen beinhalten. Ihre rote Farbe lässt darauf schließen. Diese gewaltigen Felsen sind erdgeschichtlich um die 250 Millionen Jahre alt und entstanden zu einer Zeit, da hier eine Trockenwüste war. Über zwei Kilometer zieht sich der Felsenrücken südlich in den Wald bis unmittelbar an die französische Grenze heran. Nach einigen hundert Metern stoße ich auf zwei riesige Felsentore, die einen offenen Blick in das nächste Tal freigeben. Links reckt sich eine mit Schwefelflechten dicht besetzte Felsnadel zwischen die Buchen. An den Wänden der Felsentore finden sich eigenartige Verwitterungsformen. Es handelt sich hier um Kugelhorizont-Verwitterungen, runde Formen, die aus dem Fels herausfallen. Sie können murmel- oder faustgroß sein. An diesen Wänden gibt es zierliche Säulengalerien, Sanduhrverwitterun-

Eine Felsnadel, angestrahlt von der tiefstehenden Sonne, erglüht für wenige Minuten zwischen den benachbarten Felswänden. Ein extremes Weitwinkelobjektiv eröffnet diese Perspektive.

Rechte Seite: Eine geologische Ausnahmeerscheinung ist der außergewöhnliche Altschlossfelsen bei Eppenbrunn. Eine gewaltige rot leuchtende Felswand zieht sich über zwei Kilometer in den Wald.

gen, Wabenstrukturen und Pfeiler. Ich bin von dem Anblick überwältigt. Oben auf dem Felsen wachsen dichte Buchenwälder und starke Kiefern.

Ein ähnliches Faszinosum findet sich im Dahner Felsenland nahe des Ortes Dahn. Hier ragt der Lämmerfelsen schroff und unübersehbar wie eine verzackte Barriere in den Himmel. Auf kleinen solitären Felsen klammern sich Kiefern und Birken und geben der Landschaft einen Charakter, den ich nur aus anderen Ländern kenne. Nahe der Burgruine Drachenfels bei Busenberg ersteige ich einen Aussichtsberg. Mit der Stirnlampe auf dem Kopf wandere ich weit vor Sonnenaufgang hinauf, um die Burg Berwartstein im Frühnebel zu fotografieren. Sanft schwingen die bewaldeten Hügel des Wasgau, und leichter Morgendunst zieht über den Wald. Als die Sonne die ersten rötlichen Strahlen aussendet, leuchtet für wenige Augenblicke der Dunst, und inmitten thront die Burg.

Am Ort Nothweiler, südlich von Dahn gelegen, angekommen, packe ich den Rucksack und steige auf zur Burgruine Wegelnburg. Von hier aus bietet sich eine Aussicht zu weiteren drei Burgruinen und bis weit in die Vogesen. Richtung Norden liegen die Hügel des Wasgau vor mir. Es ist ein anstrengender, aber lohnender Weg. Wer sich eine gute Wanderkarte besorgt, der wird mit etwas Fantasie Wanderstrecken finden, die ihn für mindestens drei Wochen beschäftigen. Besonders zu empfehlen ist der Dahner Felsenpfad. Dieser führt zu den meisten attraktiven Felsformationen der Region. Erwähnenswert ist auch die großartige Landschaft am Trifels bei Annweiler.

Richard Stöbener hat Recht, wenn er sagt: „Mein Wasgau ist wie ein teurer Edelstein ...“

Der Altschlossfelsen, der Lämmerfelsen sowie auch andere
Felsformationen, die für die Landschaft des Wasgau bzw.
des Dahner Felsenlandes charakteristisch sind, beeindrucken mit
ihren Erosionsformen. Markant sind die besonderen
Verwitterungsformen, die Wabenwände, die zudem noch von
leuchtend gelben Schwefelflechten überzogen sind.

Der Altschlossfelsen ist umgeben von
dichtem Buchenurwald. Die Felsentürme
sind eine Landschaftsform, die
man in Deutschland nicht vermutet.

Frisches Frühlingsgrün (links) und Herbstlaub (rechts)
am gleichen Standpunkt im felsenreichen Buchenurwald.

Im Pfälzerwald darf sich der Wald wieder so entwickeln, wie er es ohne menschliches Zutun schon immer getan hat. Unordentlich über dem Waldboden verteilt, versperrt Totholz so manchen direkten Weg. Moose erobern die toten Stämme und Äste. Baumleichen werden von einer ganzen Armee Käfer und Insekten bevölkert. Sie verrichten im Laufe der Jahre ihr Werk, und so wird aus einem toten Baum wertvoller Humus für neue zarte Triebe.

Bei Wanderungen im wenig besiedelten
südlichen Pfälzerwald kommt der
Wanderer auch an Moorbirken vorbei,
wie hier in der Nähe von Schöntal.

Dieser Baum krallt sich am Buntsandstein fest.
Er hat sich eine exponierte Lage ausgesucht
und scheint ein echter Überlebenskünstler zu sein.

Markant sind die Felsentürme der Lämmerfelsen im Dahner Felsenland. Säulen,
tiefe Einschnitte und skurrile Felsformationen bildeten sich durch die Erosion.

Sonnenstrahlen brechen sich an Felsen
und Bäumen im Morgennebel.

Lärchen, Fichten, Birken und blühende Obstbäume bilden einen
Frühlings-Farbteppich im Pfälzerwald bei Eppenbrunn.

Dieser Fels scheint die kunstvolle Verbindung des oberen und unteren Felsens zu sein. Hier ist die seltene Kugelhorizont-Erosion zu erkennen. In ganz bestimmten Gesteinsschichten lösen sich mit der Zeit kreisrunde , halbkugelige Steine, groß wie Murmeln, die aber auch Fauststärke erreichen können, aus.

Details im Pfälzerwald: Der Farn drückt sich durch das dichte Laub
des vergangenen Herbstes ans Licht. Der Feuersalamander
genießt die wärmenden Strahlen der milden Frühlingssonne und die
Sumpfdotterblume liebt feuchte Wiesen oder Gewässerränder.

Linke Seite: Herbstimpressionen am „Bach ohne Grenzen".

Bayerische Wildnis

Vom Urwald zum Hochgebirge

Aus einer ungewöhnlichen Perspektive betrachtet, scheinen
die Baumkronen der Buchen ein Blätterdach zu spannen.

Bayerischer Wald

Mischwälder, bestehend aus den Baumarten Buche, Weißtanne und Fichte, prägten einst das Gesicht Mitteleuropas. In den Kammlagen der Mittelgebirge und der Berge bestimmt nur die Fichte das Bild. In Jahrtausenden haben die Wälder den harten klimatischen Bedingungen getrotzt und wurden im Laufe der Jahrhunderte mehr und mehr vom Menschen genutzt, d. h. gerodet. Heute gibt es fast nur noch Wirtschaftswälder. Vor wenigen Jahrzehnten setzte aber ein Umdenken ein. Man wollte die Natur wieder sich selbst überlassen. Auch dieser Gedanke führte dann 1970 zur Gründung des ersten Deutschen Nationalparks, den Nationalpark Bayerischer Wald. Viele heftige Diskussionen und Anfeindungen mussten die Gründer und Befürworter über sich ergehen lassen, heute aber sieht wohl jeder ein, dass der Nationalpark für alle Beteiligten mehr Segen als Fluch ist.

Als Tier- und Naturfotograf zieht es mich natürlich auch in die vorbildlich angelegte Gehegezone, wo für jedermann sonst nicht sichtbare, einheimische Tiere in ihrem natürlichen Lebensraum beobachtet werden können. Braunbär, Wolf, Luchs, Wisent, Wildkatze, Hirsch, Dachs, Biber und Otter, um nur einige zu nennen, kann man hier ungestört fotografieren und beobachten.

Frühmorgens, noch in der Dunkelheit, breche ich auf, um den Lusen, mit 1.373 Metern der zweithöchste Berg im Nationalpark (der Rachel ist mit 1.453 Metern der höchste), zu besteigen. Der Weg taucht in den tiefen Bergfichtenwald ein, der teilweise stark vom Borkenkäfer befallen ist. Überall liegen kreuz und quer die Baumleichen, zerfallen und werden zersetzt. Es sieht zunächst „wild" aus, aber bei genauerem Hinsehen entdecke ich unter den Baumleichen den Jungwuchs. Neues Leben sprießt bereits. In wenigen Jahren wird hier ein völlig neuer, gesunder Bergwald wachsen, und die toten Bäume der Vergangenheit sind vergessen. Durch enge Felsenschluchten zieht sich der Weg nach oben. Bald erreiche ich die Granit-Blocksteinfelder des Lusengipfels. Ein wirres Durcheinander an stark mit Flechten besetzten Felsen. Mitten darin das Gipfelkreuz. Von hier bietet sich eine grandiose Aussicht bis zu den Alpen, in den Böhmerwald und den nördlichen Bayerischen Wald. Wald – soweit das Auge reicht! Und das ist gut so!

Berchtesgaden

Bei meiner Ankunft im Berchtesgadener-Land erwarten mich ein mit Wolken verhangener, spiegelglatter Königssee und ein zauberhafter Winteranblick der idyllischen Wallfahrtskapelle St. Bartholomä.

Ich bin hierher gekommen, um den Watzmann aus der Luft zu fotografieren. Dazu benötige ich einen Hubschrauber und finde ihn bei Walter Enthammer in Salzburg, einem sehr erfahrenen Piloten. Leider vergehen Tage des ungeduldigen Wartens, denn die Wetterlage ist durch dicken, tief hängenden Nebel nicht gerade ideal zum Fliegen. Doch dann ist es endlich so weit: Das Wetter ist zwar nicht optimal, aber dennoch lässt es der Nebel zu, dass wir in die Luft gehen können. Walter sucht ein Loch in der dicken Nebeldecke, durch das wir hindurchfliegen können. Plötzlich reißt der Nebel auf und die Sonne blendet mich hart. Ich muss mich kurz abwenden, um mich an die gleißende Helligkeit zu gewöhnen. Dann endlich kann ich nach unten blicken – ein imposanter Ausblick auf den gesamten Nationalpark liegt vor mir: Jenner, Königssee, Watzmann, Hochkalter und die Funtenseetauern! Der Hubschrauber neigt sich, und ich beginne durch die Öffnung der ausgebauten Hubschraubertür zu fotografieren. Was für ein atemberaubendes Gefühl, über der 2.000 Meter abfallenden Watzmann-Ostwand zu stehen und in die gähnende, faszinierende Leere zu blicken. Weiter geht es über den unglaublich schmalen Grad des Watzmanns. Erst aus der Vogelperspektive kann man erahnen, welchen Mutes und welchen bergsteigerischen Könnens es bedarf, diesen Grad zu erklimmen.

Wir fliegen weiter über den zugefrorenen Obersee und den Röthsteig,

Diese merkwürdig gewachsenen Bergfichten lassen wie ein großes Guckloch den Blick auf die dritte im Bunde fallen.

den in dieser Jahreszeit für Wochen kein einziger Sonnenstrahl trifft. Es geht zum Großen und Kleinen Teufelshorn, an der Schönfeldspitze vorbei über das Steinerne Meer und wieder zurück zum Watzmann. Walter dreht eine letzte Runde, die ich aber schon nicht mehr genießen kann. Meine Hände und Füße sind eiskalt geworden, und meine Frau Elli, die die Kameras mit neuen Filmen bestückt, ist schon fast blau gefroren, sind es draußen doch minus 17 Grad Lufttemperatur.

Anfang Juni herrscht Hochfrühlingsstimmung im Berchtesgadener Land. Der Schnee ist endgültig den grünen Wiesen gewichen, Wasserfälle stürzen ins Tal, Steinschläge sind in den Hochregionen hörbar. Früh am Morgen bin ich von der Gotzenalm aus aufgebrochen, um in Richtung Teufelshörner im Hagengebirge zu wandern. Ein langer und schweißtreibender Weg, zuerst über die Wasseralm, dann durch den Eisgraben und immer weiter hinauf. Der Weg wird steil und ist übersät mit Geröll.

Entlang des Weges werden oft Steinböcke gesichtet. Sie halten sich um diese Jahreszeit mit ihren Jungtieren in den Höhenlagen auf. Murmeltiere pfeifen am gegenüberliegenden Hang, und Gämsen sind mit einem Fernglas fast überall zu beobachten. Dies ist eine Zeit des Überflusses. Es blüht wie im Garten Eden: Türkenbund, Enziane, Edelweiß, Almrausch, Salomonssiegel und Orchideen, um nur einige der Alpenblumen zu nennen, die die Wege säumen.

Im Nationalpark braucht man Zeit – viel Zeit. Die Wanderungen sind lang, und vom Tal aus müssen zunächst immer 1.000 Höhenmeter überwunden werden, bevor die erste Hütte erreicht wird. Dort oben erlebt man eine andere Welt als die im Tal. Auf unzähligen Wanderungen haben Elli und ich jeden Bergpfad ausgekundschaftet, nach jedem Tier gesucht und uns an jedem See erfrischt. Der Natioanalpark Berchtesgaden ist ein Juwel unter den einheimischen Parks.

172

Einige der gewaltigen Blockfelsen wirken
wie imaginäre Felsentische.

Bunte Blüten sind Farbtupfer im Wald und bilden neben
Blättern und Farnen interessante Details.

Viele kleine Wasserläufe durchziehen den dichten Wald.
Vor allem nach Starkregen können sie gewaltig anschwellen.

Eine Wonne ist es, den jungen Bären bei ihrem übermütigen Spiel zuzuschauen,
oder zu sehen, wie dieser Bär seine Nase in die Schneeflocken steckt.
In der ausgedehnten Gehegezone kann die Verhaltensweise von Braunbären
beobachtet werden als ob sie in Freiheit wären.

Linke Seite: Rothirsch im Bast mit weiblichen Tieren in der Gehegezone.

Die toten Fichtenstämme am Lusen werden von Zunderpilzen erobert oder mit Efeu überwuchert. Ein wenig gespenstisch ragen sie an diesem nebelig dunstigen Tag in den trüben Himmel.

Berchtesgaden

Ein sommerlicher Blick auf die Gotzenalm, die sich
1.600 Meter über den Königssee erhebt. Der Watzmann bildet
die erhabene Kulisse für dieses beliebte Ausflugsziel
inmitten der Kernzone des Berchtesgadener Nationalparks.

Steile Felshänge und satte
Almwiesen sind die Reviere
der Steinböcke und
Murmeltiere. Beide Arten
kommen hier häufig vor,
wobei die Tiere wenig
Scheu vor dem
Menschen haben.

Der Südost-Grat der Schönfeldspitze (2.653 Meter) mit dem Steinernen
Meer, dem Großen Hundstod, der Hocheisspitze und dem Watzmann.

Majestätisch und imposant erhebt sich der Watzmann
mit 2.713 Metern königlich über den Nationalpark Berchtesgaden.
Tief unten rechts im Bild liegt der Königssee zu seinen Füßen.

Im Hagengebirge ist die Welt noch in Ordnung. Hier gedeiht vor allem im Norden eine
üppige Vegetation, und Steinböcke, Gämsen und Rotwild bevölkern neben Murmeltieren
das Gebiet. Ein seltenes Pflänzchen ist das prächtige Edelweiß. Es schmückt die entlegendsten
und schwer zugänglichen Alpwiesen. Das Edelweiß symbolisiert die Berge und
ziert die Embleme des deutschen Alpenvereins ebenso wie das Logo der Bergwacht.

Trichterförmig ergießt sich
die steile Ostwand von der
Mittelspitze des Watzmanns fast
2.000 Meter in die Tiefe.
Unter der dichten Wolkendecke
verborgen liegt das idyllische
St. Bartholomä mit seiner
berühmten Wallfahrtskirche am
Ufer des Königssees. Links im
Hintergrund das Hagengebirge,
die Gotzenalm, die Teufelshörner
und der Hochkönig.

187

Aufgereiht wie auf einer
Perlenschnur stapfen Rothirsche
durch den meterhohen Schnee, der
ihnen bis zu den Bäuchen reicht.
Der Hunger treibt die Tiere
in die Täler. Hier finden sie an den
Winterfütterungen dringend
benötigte Nahrung.

Wattenmeer

Leben zwischen Ebbe und Flut

Sonne, Mond, Gezeiten und Wattenmeer gehören eng zusammen.
Erstgenannte führen zu den Gezeiten, die im Wechsel einen reich gedeckten
Lebensraum immer wieder neu erschaffen. Faszinierende Zusammenhänge.

Als neunjähriger Junge stand ich zum ersten Mal an den Stränden der Nordsee. Die Lippen schmeckten immer salzig, und der Körper war mit Salz bedeckt. Und immer wieder der Blick in die Ferne. Schon damals fragte ich mich: „Was liegt wohl hinter dem Horizont?"

Inzwischen ist fast ein halbes Jahrhundert vergangen. Die Meere sind überfischt, und die Industrieansiedlungen an den Küsten haben stark zugenommen. Windräder versperren die freie Sicht, und es werden immer mehr. Aber auch im positiven Sinn hat sich einiges verändert: die Gründung der Wattenmeer-Nationalparks: Niedersächsisches, Hamburgisches und das Schleswig-Holsteinische Wattenmeer.

Was von damals geblieben ist, ist die Faszination Weite. Nirgendwo sonst gibt es so offene und weite Blicke auf den Horizont wie hier, und wir sollten alles daran setzen, diese Horizonte zu wahren. Der Mensch braucht unbebaute Horizonte, damit der Geist wandern kann. Hier begegnen sich Himmel und Erde im wahrsten Sinne des Wortes. Großartige Wolkenbilder spiegeln sich im feuchten Schlick. Manchmal sieht man Nebelbänke aufziehen, oder Luftspiegelungen über dem Wasser. Typisch für das Wattenmeer sind die hohe Luftfeuchtigkeit, der modrige Geruch, Möwenschwärme, Quallen und Krebse.

Im Laufe der Zeit erst wird einem bewusst, wie beständig und doch unbeständig gerade das Wattenmeer ist. Einmal brennt die Sommersonne vom Himmel, und das Meer plätschert fast unhörbar an die Strände. Der gleiche Strand wirkt wüst und feindlich, wenn Stürme über das Meer jagen und gewaltige Brecher gegen die Deiche schlagen. Während dieser Stürme verändert sich alles. Sand und Schlick werden verfrachtet, Kleintiere ins Meer zurückgespült, andere angeschwemmt. Priele und Sandbänke verlagern sich, Küsten werden abgerissen und andernorts wieder aufgeschüttet. Alle sechs Stunden finden Veränderungen statt durch die Gezeiten, Ebbe und Flut, ein ständiges Kommen und Gehen. Vielleicht die einzigen Konstanten hier. Die Wattenmeerküste ist die längste zusammen-

hängende Wattküste der Erde, Lebensraum tausender Zug- und Nistvögel, Lebensraum der Seehunde und Kegelrobben, Lebensraum der Lebensspender (Kleinkrebse, Würmer, Schnecken).

Ich chartere eine kleine Cessna, baue die Tür aus, um bessere und freiere Sicht zu haben, und los geht der Flug. Schon nach wenigen Minuten in der Luft offenbart sich eine völlig andere Landschaft. Die Horizonte verschieben sich weiter nach hinten, viel weiter. Ich erkenne die Ostfriesischen Inseln, Sandstrände, Leuchttürme, Ortschaften. Die eigentliche Überraschung aber ist die Oberfläche des Watts. Vom Boden aus gesehen ist sie flach, ohne optische Anhaltspunkte. Zwischen den der Küste vorgelagerten Inseln sind deutlich die „Platten", bestehend aus Sand- oder Schlickbänken, erkennbar. Tiefe Priele fächern sich kilometerweit in feinste Ablaufkanäle auf, und das System des Watts wird erkennbar. Schlickbänke bleiben meist grau und dunkel, Sandbänke erscheinen hell, und unter Wasser erkennt man deutlich ihre durch Strömungen verursachten Riffelungen. Zwischen den Inseln werden unterseeische Sandverfrachtungen sichtbar. All dies erscheint im Gegenlicht wie ein großes Kunstwerk, an dem ich mich kaum satt sehen kann. Große Seehund- und Muschelbänke und Bänke, auf denen sich Seevögel niedergelassen haben, liegen vor meinen Augen. Die Ems- und Wesermündung sind erkennbar und wie sich Fluss und Meer miteinander vereinigen. Überall dazwischen liegen Vogelinseln. Von hier oben bekommt der Begriff „Lebensraum" eine ganz andere Bedeutung. Hier wird er mit Leben erfüllt, und man sieht ihn mit eigenen Augen.

Ich fliege weiter Richtung Nordost zum Schleswig-Holsteinischen Wattenmeer. Unten liegen kleine Halligen, die nur im Nationalpark Schleswig-Holsteinisches Wattenmeer zu finden sind. Diese kleinen Inseln, die sich aus dem Meer erheben, sind eine Besonderheit. Sie trotzen dem Meer auch in stürmischen Zeiten. Dann ziehen sich ihre Bewohner auf die Warft, den höher gelegenen, aufgeschütteten Teil der

Hallig, in ihre Häuser zurück. Die Halligen sind meist Reste des Festlandes, deren Verbindung dazu bei Sturmfluten untergegangen ist. Manche Halligen entstanden aber auch durch aufgeschwemmte Sedimente der Nordsee. Bei Ebbe sind einige von ihnen zu Fuß übers Watt zu erreichen.

Wieder unten am Strand. Einige hundert Meter weit laufe ich hinein in extrem flaches Watt. Ich möchte sehen, wie die Flut aufläuft. Dafür habe ich mir den Neumondtag ausgesucht. An Neu- und Vollmond sind die Gezeitenunterschiede am größten. Ich stehe im Watt und warte und warte. Es weht kein Lüftchen, und auch die See wirft keine Welle. Am Horizont erscheint nach einiger Zeit ein silbriger Streifen. In einer Luftspiegelung sehe ich schwimmende Seevögel. Das Wasser kommt! Der silbrige Streifen kommt näher, ist aber noch nicht als Wasser erkennbar. Ich warte. Plötzlich sehe ich einige hundert Meter vor mir den silbrigen Horizont auf mich zukommen. Schneller und schneller. Wie eine kleine Welle, zunächst langsam, dann schneller, und zum Schluss rasend kommt die Flutwelle auf mich zu. Kann ich vor der Welle davonlaufen, will ich wissen. Aber schon nach wenigen Metern hat mich das Wasser eingeholt und überspült meine Knöchel, Minuten später meine Waden, und als ich mich endlich auf eine Mole retten kann, stehe ich schon knietief in strömendem Wasser. Dies musste ich erlebt haben, um Geschichten zu verstehen, von denen Wattwanderer berichten, die von der Flut überrascht wurden und nur knapp dem Tode entronnen sind. Nach dieser Erfahrung kann ich das gut nachvollziehen.

Faszinierend, wie viel Leben sich auf nur einem Quadratmeter Wattboden befindet. Durch die Flut, die zweimal pro Tag Nährstoffe und Sauerstoff anspült, ist der Wattboden extrem nährstoffreich und bietet Kleinstlebewesen wie Algen, Krebsen, Würmern, Schnecken und Muscheln ein Eldorado. Aber auch Pflanzen, wie der Queller, trotzen diesem extremen Lebensraum, denn auch ihnen machen die tägliche Überflutung mit Salzwasser und der salzhaltige Boden wenig aus. Dichte Seegraswiesen bieten kleinen Wassertieren den optimalen Lebensraum. Die gut angepasste Vegetation hilft, den Sand festzuhalten, den das Meer anspült. Der Boden erhöht sich so allmählich, und andere Pflanzen wie Binsen und Gräser können sich ansiedeln: Das Land wächst!

Das Wattenmeer und die See stellen sensible Ökosysteme dar, die unnatürliche Eingriffe nur schlecht vertragen und daher vor Veränderungen geschützt werden müssen.

Mit jedem Winkel, den sich das Flugzeug anders zur Sonne stellt, verändert das Watt, ob Schlick oder Sand, seine Farbe. Schlickwatt, Mischwatt und Sandwatt sind die verschiedenen Sedimentzonen des Wattbodens, der sich schier endlos erstreckt.

Gänseschwarm und Salzwiesen vor dem
Leuchtturm von Westerhever.

Das Wasser fließt bei Ebbe in tiefen Rinnen und vielen kleineren Kanälen ab.
Diese Rinnen durchziehen das Watt – es sind die Priele – in die sich
Plattfische, wie die Scholle und Flunder, zurückziehen. Die Fließgeschwindig-
keit des Wassers in den Prielen ist enorm hoch, sodass auch ein
geübter Schwimmer gegen diesen Gezeitenstrom keine Chance hätte.

Schwert- und Herzmuscheln graben sich senkrecht im Schlick ein. Auf einer Muschelbank leben sie in der großen Gemeinschaft einer Art zusammen und geben sich so gegenseitig Schutz vor den Wellen. Muscheln helfen, genauso wie die anderen Wattbewohner, den Sand zu festigen. Verschiedene Würmer graben Röhren, die beispielsweise der Wattwurm mit Schleim verfestigt. Aber auch Algen, wie die Kieselalge, halten den Sand fest, indem sie einen dünnen Film auf die Wattoberfläche legen, der ein Abschwemmen verhindert. Manche Muscheln bilden klebrige Fäden und stabilisieren auf diese Weise den Sand.

Rechts unten: Abgestreifte Panzer der Schlickkrebse.

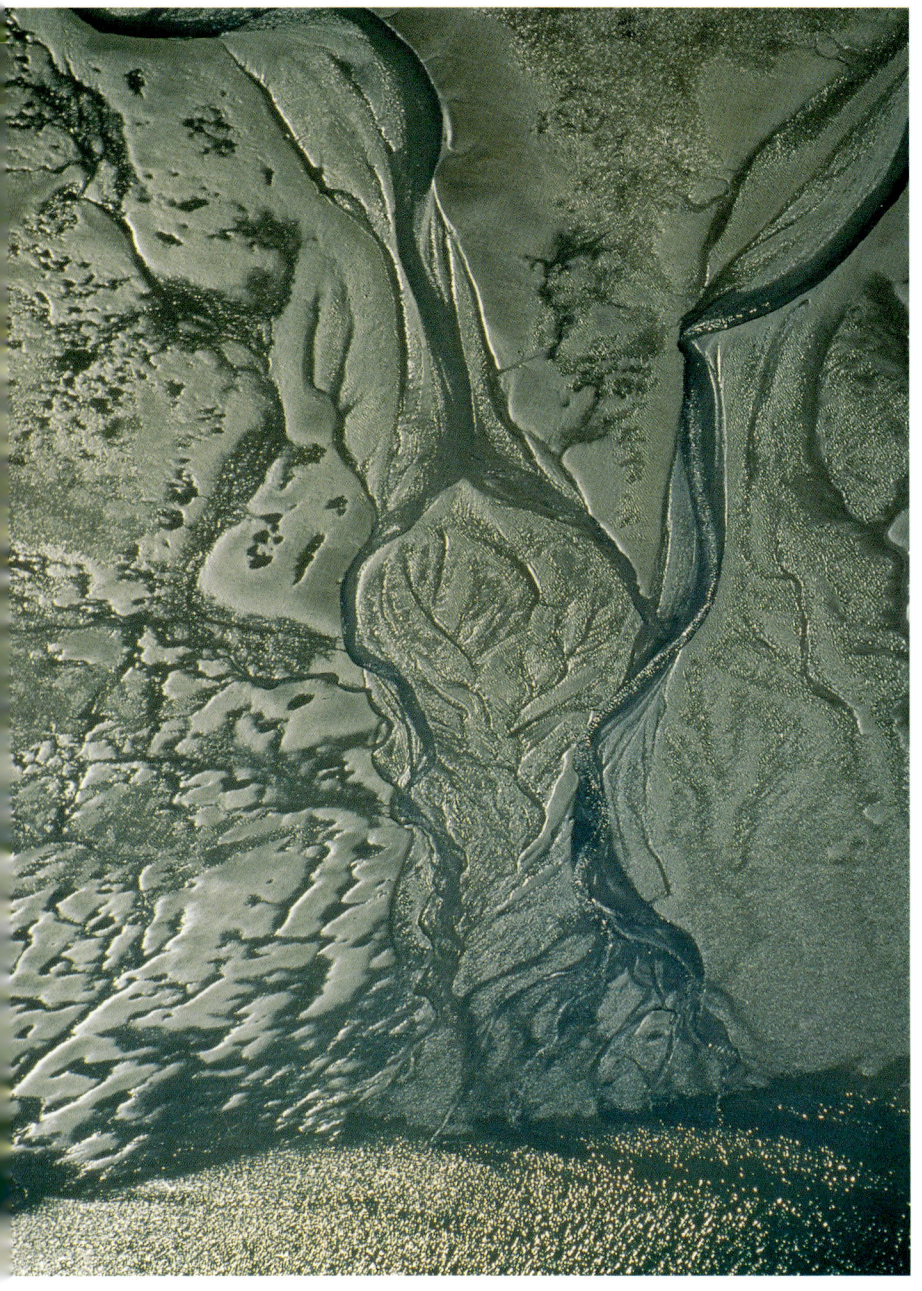

Diese weltweit einmalige Wattlandschaft befindet sich nur an der deutschen und niederländischen Nordseeküste. Priele und Sandbänke werden vom Gezeitenstrom geprägt. Das Watt wächst stetig in die Höhe, da sich von der Flut angespülte Sand- und Schlammteilchen absenken und sich am Meeresboden ablagern. Immer wieder neu zu entdecken ist das sich täglich wandelnde Watt auch aus der Luft: Priele und Sandbänke im Schlick (links), mit Eisschollen überzogenes Watt (Mitte) und das Watt mit angrenzenden Sanddünen (rechts). Eine Landschaftsform, die aus allen Perspektiven fasziniert.

Schleswig-Holsteinisches-

Wattenmeer

Niedersächsisches-

Vorpommer'sche
Boddenlandschaft

Jasmund / Insel Rügen

Süd-Ost Rügen

Husum

Kiel

Stralsund

Schleswig-
Holstein

Mecklenburg-
Vorpommern

Hamburg

Schwerin

Neubrandenburg

Bremerhaven

Müritz

Emden

Bremen

Unteres Odertal

Niedersachsen

Hannover

Sachsen-
Anhalt

Berlin

Magdeburg

Brandenburg

Nordrhein-
Westfalen

Harz

Dortmund

Kassel

Hainich

Dresden

Kellerwald-Edersee

Gotha

Sachsen

Köln

Thüringen

Sächsische Schweiz

Aachen

Eifel

Hessen

Rheinland-
Pfalz

Frankfurt

Saarland

Nürnberg

Pfälzerwald

Karlsruhe

Bayerischer Wald

Stuttgart

Passau

Baden-
Württemberg

Bayern

München

Berchtesgaden

Danksagung

Einigen Personen und Institutionen möchte ich besonders für ihre
Unterstützung beim Zustandekommen der Bilder danken:

- Elli, meiner Frau, ohne die dies alles nicht wäre

- **EUROPARC Deutschland und die Nationalen Naturlandschaften**
- **Deutsche Bundesstiftung Umwelt (DBU)**
- Bildmanufaktur München für die langjährige exzellente Filmentwicklung
- Nationalpark-, Biosphärenreservats- und Naturpark-Verwaltungen, insbesondere:
  in der Eifel, im Harz, in der Vorpommerschen Boddenlandschaft, an der Oder,
  im Hainich, an der Müritz, im Bayerischen Wald, in der Sächsischen Schweiz,
  am Wattenmeer, im Kellerwald-Edersee und im Vessertal
- Ralf Hilgers, Führungen in der Eifel
- Andreas Stern, Führungen im Pfälzerwald
- Walter Enthammer, Helios Helicopters, Salzburg
- Richard Stöbener, Leica-Lichtbildner und exzellenter Kenner des Wasgau
- Elisabeth Rosing, Assistentin im Pfälzerwald
- Rainer Entrup, Eggesiner Forst
- Luftverkehr Friesland
- Peter Krüger & Team von der Kur- und Tourismus GmbH auf Zingst
- Hans-Eberhard Hess, Photo International
- Astrid Schnieders
- Peter Müller von Seitz & Zöbeley GmbH
- Günter Lenz von Laterra Magica

- Leica Camera AG
- Novoflex
- Foto Dinkel
- Isar Foto Bothe
- Lowepro (DAYMEN)
- Thomas Schula
- dem Tecklenborg Verlag, insbesondere
  Stefanie und Hubert Tecklenborg sowie Stefan Engelen

Mehr Informationen über Norbert Rosing
und seine Arbeit finden Sie unter www.rosing.de

Impressum

Umwelthinweis:
Der Inhalt dieses Buches wurde auf Papier
mit chlorfrei gebleichtem Zellstoff gedruckt.
Das Einbandmaterial ist recyclebar.

Die Deutsche Bibliothek – CIP Einheitsaufnahme

Deutschlands unberührte Naturparadiese
Norbert Rosing
Steinfurt; Tecklenborg Verlag, 2009
ISBN: 978-3-939172-46-8
1. Auflage 2009
© 2009 by Tecklenborg Verlag
Siemensstraße 4, D-48565 Steinfurt

Gesamtherstellung: Druckhaus Tecklenborg, Steinfurt

ISBN: 978-3-939172-46-8

Weitere Bildbände von Norbert Rosing

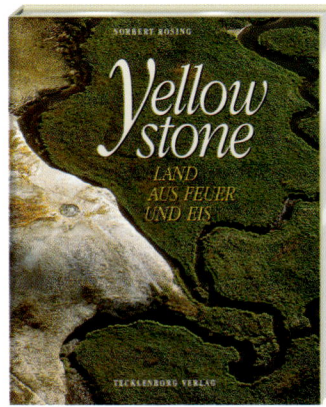

Im Reich Der Eisbären
König der Arktis
204 Seiten, 185 lackierte Abbildungen
Gebunden, 30 x 27 cm
ISBN: 978-3-934427-99-0
€ 49,80 / sFr 85,00

Mit seinem kräftigen Körper, dem winzigen Schwanz, den kleinen Ohren und dem dichten, fast weißen Fell strahlt der Eisbär etwas Erhabenes aus. Allein die Erscheinung des imposanten Geschöpfs löst Respekt und Bewunderung aus. Der König der Arktis hat auch Norbert Rosing in seinen Bann geschlagen. Seit über zwanzig Jahren reist der renommierte Naturfotograf mehrmals jährlich an die kanadische Küste der Hudson Bay, um dort die faszinierenden Lebewesen zu fotografieren. Insbesondere im Herbst, wenn das Binnenmeer der Hudson Bay zufriert, versammeln sich hier viele der majestätischen Tiere. Auf mehr als vierzig Reisen entdeckte er die grenzenlose Weite per Motorschlitten, Hundeschlitten, Boot, zu Fuß, per ATV, Hubschrauber und Flugzeug zu allen Jahreszeiten und legte zig tausend Kilometer zurück.

Yellowstone
Land aus Feuer und Eis
168 Seiten, 174 Abbildungen
Gebunden, 24 x 30 cm
ISBN: 3-924044-42-2
€ 49,80 / sFr 85,00

Es gibt wohl keinen anderen Nationalpark der Welt, der mehr Superlative aufweist als der Yellowstone. Gegründet 1872, ist er der älteste Park seiner Art und bildet mit dem benachbarten Grand-Teton-Nationalpark sowie verschiedenen angrenzenden Wild- und Naturreservaten mit einer Gesamtfläche von 36.000 km das größte intakte Ökosystem der gemäßigten Klimazone.
Mehr als 10.000 heiße Quellen und bis zu 250 aktive Geysire schleudern täglich ihre zum Teil riesigen Wassermassen in den Himmel. So erreichen allein die Wasserfontänen des meistfotografierten Naturwunders der Erde, der Old Faithfull, eine Höhe von bis zu 55 Meter, um dann mit wasserzerstäubendem Donnern wieder zu Boden zu stürzen. Neben der überwältigenden Vielfalt der Landschaft ist der Yellowstone auch Heimat für eine Fülle von freilebenden Großtieren.

Polarbären
176 Seiten
192 Abbildungen
Gebunden, 31 x 24 cm
ISBN: 3-924044-13-9
€ 45,00 / sFr 78,00

Norbert Rosing reiste als Naturfotograf seit 1988 viele Male an die Küste der Hudson Bay in Kanada, um den Eisbären in seiner natürlichen Umwelt zu fotografieren. So darf sich der Betrachter dieses Buches auf eine faszinierende und fremde Welt freuen. Begleiten Sie Norbert Rosing durch die vier Jahreszeiten der Arktis. Lernen Sie das Leben und Wesen des Polarbären und die ihn umgebende Pflanzen- und Tierwelt kennen.
Lassen Sie sich von den unendlichen Eisflächen, dem Erblühen des kargen Tundrabodens und von Polarlichtern in Erstaunen versetzen. Kurzweilige Erzählungen entführen den Leser zusätzlich hautnah ins Geschehen. Eine beeindruckende Bild- und Textdokumentation über den Arktischen Lebensraum.

Deutsche Nationalparks
200 Seiten
225 Abbildungen
Gebunden, 24 x 30 cm
ISBN: 3-924044-29-5
€ 45,00 / sFr 78,00

Bizarre Felsformationen, sanft geschwungene Dünen – bedrohte Tiere, seltene Pflanzen. In diesem großartigen Bildband werden die deutschen Nationalparks erstmals in einer Vielzahl brillanter Bilder und informativer Texte umfangreich vorgestellt.
Mit dem Auge der Kamera führt uns der Naturfotograf Norbert Rosing durch die vielfältigen und einmaligen Lebensräume unserer heimischen Nationalparks und gewährt uns mit seinen Aufnahmen Einblicke in die Schönheit einer von Menschen unberührten Natur.
Neben der großen Bildauswahl enthält das Buch ebenfalls vielfältige Informationen über die geschichtliche Entstehung der Nationalparks und deren Besonderheiten für die Tier- und Pflanzenwelt. Ein Muss für alle Naturliebhaber.